我是天才小畫家

圖書編號 ~~~~~~
ISBN：978-986-91641-3-9

作　　者： 小石頭編輯群・夏天工作室
發 行 人： 吳如璧
出 版 者： 小石頭文化有限公司
　　　　　 Stone Culture Company
地　　址： 台北市大安區信義路四段263號7樓之2
電　　話： (02)2630-6172
傳　　真： (02)2634-0166
E - mail ： stone.book@msa.hinet.net
郵政帳戶： 小石頭文化有限公司
帳　　號： 19708977

國家圖書館出版品預行編目資料

我是天才小畫家
/ 小石頭編輯群・夏天工作室 編著
-- 臺北市：小石頭文化，2016 .04
　　　面； 公分

　　ISBN 978-986-91641-3-9 (平裝)

1. 電腦教育　　　 2. 電腦繪圖
3. 小學教學

523.38　　　　　　　　105001367

定價249元　•　2016 年 04月　初版

書局總經銷：
聯合發行股份有限公司
電話: (02)2917-8022

學校發行：
校園文化事業有限公司
電話: (02)2659-8855

零售郵購：
服務專線: (02)2630-6172

九年一貫能力指標

課別	課程名稱	融入學習領域	對應能力指標
一	我是小畫家- 了解電腦繪圖與填色練習	資訊教育	1-2-1 能瞭解資訊科技在日常生活之應用。 2-2-2 能操作視窗環境的軟體。 3-2-3 能操作常用之繪圖軟體。
		藝術與人文	1-2-1 探索各種媒體、技法與形式，瞭解不同創作要素的效果與差異，以方便進行藝術創作活動。
二	我的自畫像- 各種筆刷綜合練習	資訊教育	2-2-2 能操作視窗環境的軟體。 2-2-3 能正確使用儲存設備。 3-2-3 能操作常用之繪圖軟體。
		藝術與人文	1-3-1 探索各種不同的藝術創作方式，表現創作的想像力。
三	我也會畫卡通- 幾何圖案與曲線運用	資訊教育	2-2-2 能操作視窗環境的軟體。 3-2-3 能操作常用之繪圖軟體。
		藝術與人文	2-1-5 接觸各種自然物、人造物與藝術品，建立初步的審美經驗。
四	我的創意組合畫- 彩繪背景與圖案組合	資訊教育	2-2-2 能操作視窗環境的軟體。 3-2-3 能操作常用之繪圖軟體。 2-2-5 能正確操作鍵盤。
五	我的專屬公仔- 照片去背與合成	資訊教育	2-2-2 能操作視窗環境的軟體。 3-2-3 能操作常用之繪圖軟體。
		藝術與人文	1-2-1 探索各種媒體、技法與形式，瞭解不同創作要素的效果與差異，以方便進行藝術創作活動。
六	我的手繪賀卡- 噴槍與文字的運用	資訊教育	2-2-2 能操作視窗環境的軟體。 3-2-3 能操作常用之繪圖軟體。
		語文學習-英語	5-1-2 能聽懂及辨識課堂中所習得的英語詞彙。
七	創意影像與秘技- 相片、圖案組合與 小畫家秘技	資訊教育	3-2-3 能操作常用之繪圖軟體。 4-3-5 能利用搜尋引擎及搜尋技巧，尋找合適的網路資源。
		藝術與人文	1-3-3 嘗試以藝術創作的技法、形式，表現個人的想法和情感。
八	百變作品輕鬆玩- 動畫、縮圖與趣味加工	資訊教育	2-2-2 能操作視窗環境的軟體。 3-2-3 能操作常用之繪圖軟體。 3-3-3 能使用多媒體編輯軟體進行影音資料的製作。
		藝術與人文	1-2-4 運用視覺、聽覺、動覺的創作要素，從事展演活動，呈現個人感受與想法。 1-4-4 結合藝術與科技媒體，設計製作生活應用及傳達訊息的作品。

課程教學系統

課程配合教材內容，提供一系列的【教學工具】，讓教學能更方便的提供給學生，以增進學習的成果喔！

課程教學雲

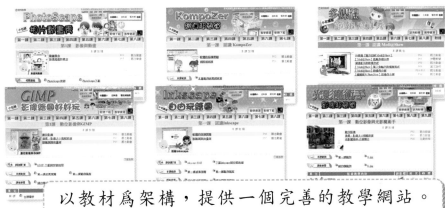

以教材為架構，提供一個完善的教學網站。

觀念學習動畫

學習重要的觀念動畫影片。

圖庫資源

豐富好用的教學圖庫素材。

教學資源

幫助教學應用的工具。

測驗評量

幫助學習評量的測驗系統。

目 錄

7 創意影像與秘技 - 相片、圖案組合與小畫家秘技

8 百變作品輕鬆玩 - 動畫、縮圖與趣味加工

1 我是小畫家

- 了解電腦繪圖與填色練習

用電腦來畫圖吧!

1 輕鬆成為小畫家

2 傳統繪圖與電腦繪圖的差異

3 電腦繪圖的重要概念

4 【小畫家】介面介紹

5 可愛的吉胖喵 - 填色練習

大方送 - 黑白線條稿

輕鬆成為小畫家

從現在起，只要有一台電腦與滑鼠，搭配繪圖軟體與影像處理軟體，不管是各式插畫、自畫像、卡通圖案、個人公仔、印刷品設計，甚至影像合成、GIF動畫...等，通通都能輕鬆完成！

GIMP

PhotoCap

Painter

專業繪圖軟體，感覺好複雜！

小畫家

Windows小畫家，簡單好上手！

【小畫家】操作介面清爽簡單、易懂易學！
很適合當作學習電腦繪圖的入門軟體喔！

小畫家也可以超強！

網路上搜尋【小畫家高手】
，就可以觀摩欣賞喔！

這些都是小畫家
畫的喔！

將小畫家畫的圖，
匯入到影像處理軟體：

PhotoScape

還可以製作出
更多創意影像喔！

使用免費軟體【PhotoScape】
可以做影像拼貼、為圖片加入有
趣的裝飾圖案，還能製作動畫，
讓你的創作更精彩喔！

真有趣！

老師說

用【小畫家】畫圖，再用
【PhotoScape】做創意影像
，真是絕配。

2 傳統繪圖與電腦繪圖的差異

【傳統繪圖】需要準備畫具、顏料、畫布紙張...等等，還常常會把自己與環境搞得髒兮兮的、甚至產生很多垃圾。而【電腦繪圖】只需要電腦與滑鼠，就可以繪圖！既輕鬆又環保！

傳統繪圖

電腦繪圖

老師說

在電腦上繪圖，需要使用【繪圖軟體】喔！內建在 Windows 的【小畫家】就是一個簡單好用的繪圖軟體！學會了小畫家，以後要使用其他更高階的軟體繪圖 (例如 PhotoCap、GIMP...)，很容易就上手喔！

3 電腦繪圖的重要概念

用電腦繪圖之前，先了解幾個重要的基本概念，往後繪圖時，才會更得心應手喔！

滑鼠就是畫筆

繪圖軟體的畫布，相當於【紙張】；滑鼠就等於是【畫筆】。

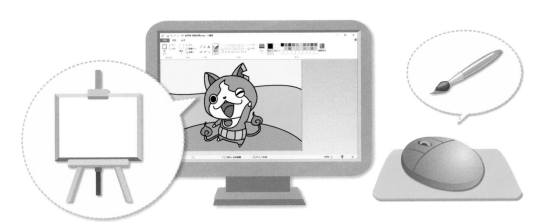

點線面的圖案構成

所有的圖形，都是由【點】→【線】→【面】這樣的過程構成的。

  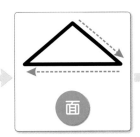 

你也可以單獨用【點】或【線】來繪製圖案喔！例如：

幾何圖案也能千變萬化

只要發揮想像力與創意，看似平凡無奇的幾何圖案，也能組合出超多漂亮的圖形喔！

橢圓形　　三角形　　矩形　　直線　　曲線

橢圓形 ＋ 直線 ＋ 曲線

橢圓形 ＋ 曲線

橢圓形 ＋ 曲線

三角形 ＋ 直線 ＋ 矩形

三角形 ＋ 矩形

三角形 ＋ 矩形 ＋ 直線

三角形 ＋ 矩形 ＋ 橢圓形

三角形 ＋ 直線 ＋ 矩形(梯形)

繪圖工具的應用

不管是幾何圖案、線條或填色，你都可以使用繪圖軟體的工具來完成。
熟悉工具的使用，不僅可以畫任何想要的圖形，還能做影像合成喔！

第 1 課

🦉 老師說

我們也可以使用數位板 (含數位筆) 取代滑鼠
，來做電腦繪圖喔！這樣就更接近在傳統
繪圖時，習慣拿【筆】來畫圖的感覺。

4 【小畫家】介面介紹

依照老師指示啟動【小畫家】，並認識一下它的操作介面吧！

無論使用 Windows 的哪個版本作業系統，開啟小畫家程式的方式，都是先按 ▦(或 ◉)，再從【所有程式 / 附屬應用程式】中，點選開啟的。

①快速存取工具列

預設的有【儲存檔案】、【復原】與【重做】

②檔案名稱

還未命名儲存時，顯示【未命名 - 小畫家】

③檔案處理鈕

開新檔案、開啟舊檔、儲存檔案、另存新檔、列印....

④工作列(功能區)

在【常用】標籤下，有各種繪圖工具；【檢視】標籤下，有放大、縮小、原尺寸或全螢幕顯示畫布....等功能

第
1
課

⑤畫布(繪圖區)

繪圖的區域

關於【色彩】

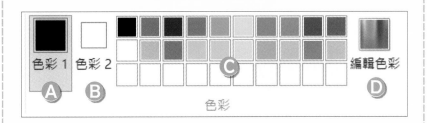

色彩

Ⓐ 色彩1：設定線條與文字的顏色

Ⓑ 色彩2：設定圖案的填滿顏色

Ⓒ 預設顏色：有20種預設顏色

Ⓓ 編輯色彩：自訂想要的顏色

可愛的吉胖喵 - 填色練習

讓我們開啟線條稿，練習一下如何
填色與編輯色彩吧！

開啟舊檔

1 按 檔案 ，點選【開啟舊檔】

2 點選本書光碟【範例 / 課程-練習 / 第1課 / 01-吉胖喵.bmp】

3 按【開啟】

小提示
快速點兩下圖片檔，
也可直接開啟喔！

4 成功開啟黑白線條稿！接著讓我們練習填上顏色

填入色彩

① 按 🪣【填入色彩】工具，然後再按一下【色彩1】

小提示

使用 🪣 填色時，所填入的是【色彩1】的顏色。這點要特別注意喔！

② 點選 ■(橙色)

第1課

③ 到圖示位置點一下，填入色彩

小提示

按 Ctrl + Z，可復原上個動作，重新填色喔！

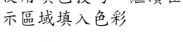

④ 使用填色技巧，繼續在圖示區域填入色彩

小提示

比較細微的區域，若不好填入色彩，可按 🔍【放大鏡】，在區域上按左鍵放大後，再填入就可以囉！(按右鍵即可縮小)

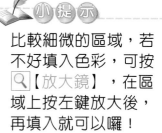

編輯色彩

① 點選 ☐ (黃色)

小提示

先點選想要的近似色，再調整深淺，可以更快完成自訂色彩。

② 按 ▦ (編輯色彩)

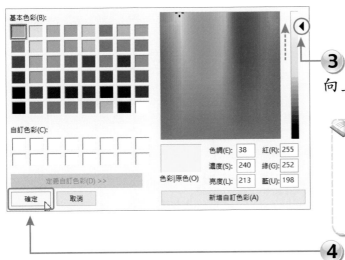

③ 向上拖曳 ◀，調淡色彩

小提示

你也可以在色盤上點一下選色，再拖曳設定深淺，來自訂想要的顏色。

④ 按【確定】

⑤ 到圖示區域點一下，填入自訂的色彩

第1課

學會編輯色彩，任何顏色都可以調出來喔！

⑥ 使用自訂色彩(編輯色彩)與填色的技巧，在圖示區域填入更淺的黃色，本課的填色練習就完成囉！

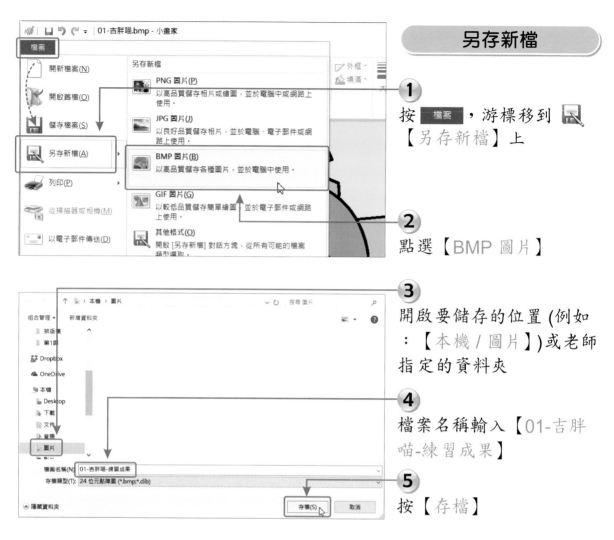

① 按 **檔案**，游標移到 🗔【另存新檔】上

② 點選【BMP 圖片】

③ 開啟要儲存的位置 (例如：【本機 / 圖片】)或老師指定的資料夾

④ 檔案名稱輸入【01-吉胖喵-練習成果】

⑤ 按【存檔】

小畫家可以儲存與開啟的圖片格式，主要有以下四種。它們的差異是：

	PNG	靜態影像，可以是透明背景的圖片，常用於網頁設計
	JPG	壓縮的靜態影像，檔案小，常用於網頁設計
	BMP	Windows 標準的高品質影像格式，檔案比較大
	GIF	靜態影像，可另行編輯成動畫影像，常用於網頁設計

大方送 **黑白線條稿**

在本書光碟【大方送】資料夾中，還有很多【黑白線條稿】，讓你做填色練習喔！

  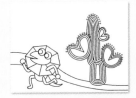 

第 1 課

1. 就電腦繪圖而言，相當於畫筆的是？

   ☐ 鍵盤　　　　☐ 滑鼠　　　　☐ 軟體

2. 以下哪個不是電腦繪圖軟體？

   ☐ 小畫家　　　☐ Word　　　　☐ GIMP

3. 圖形的構成順序是？

   ☐ 點→線→面　　☐ 面→線→點　　☐ 線→點→面

4. 要在區域中填入顏色，要用哪個工具？

   ☐ 放大鏡工具　　☐ 筆刷工具　　☐ 填入色彩工具

5. 按【編輯色彩】，可以做什麼？

   ☐ 自訂色彩　　　☐ 填入色彩　　☐ 擦掉色彩

練功囉

開啓【練功囉-練習 / 第1課 / 01-我的小汽車.bmp】，然後填入喜歡的色彩，並將成果【另存新檔】起來吧！

小提示：
使用 🪣【填入色彩】工具的尖端，點一下線條，也可以將它填入顏色喔！

2 我的自畫像

－ 各種筆刷綜合練習

拿起筆刷，
一起來畫自畫像吧！

681 × 671像素   大小: 102.0KB

1 用筆刷工具來塗鴉

2 色彩 1 與色彩 2 的關係

3 本課繪製練習提要

4 用粉刷畫人物輪廓線

5 填上基本底色與繪製臉部

6 用水彩筆刷畫頭髮與陰影

7 用噴槍畫腮紅

8 用蠟筆畫裝飾圖案

9 用油性筆刷來寫字

10 自畫像可以怎麼用

用筆刷工具來塗鴉

塗鴉，其實是最輕鬆、自然，也是最簡單的繪圖方式。小畫家共有9種筆刷供你選用！它們分別是：

麥克筆	
模擬鉛筆	
水彩筆刷	

第2課

除了用單一筆刷畫圖，也可混合運用喔！

 老師說

先使用筆刷繪製圖形的輪廓線，再填入基本底色，接著再用各種筆刷繪製細部的圖案，就可以快速完成細緻漂亮的圖畫喔！

2 色彩 1 與色彩 2 的關係

小畫家中的【色彩1】與【色彩2】有什麼不同呢？簡單來說：

❶ 當使用 **筆刷工具** 的時候，【色彩1】就是筆刷的顏色，【色彩2】無作用。

❷ 當使用 **形狀工具** 的時候，【色彩1】就是外框的顏色，【色彩2】是圖形內部填滿的顏色。

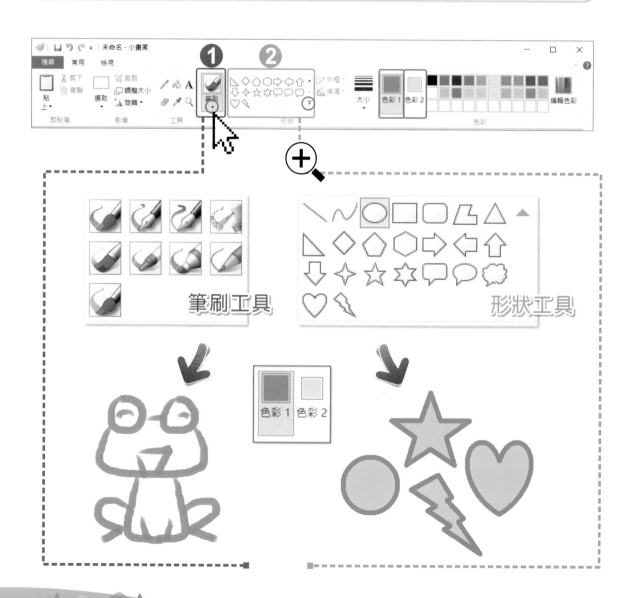

筆刷工具

形狀工具

色彩 1 色彩 2

本課繪製練習提要

本課就讓我們用筆刷來畫一張自畫像吧！以下是繪製過程提要：

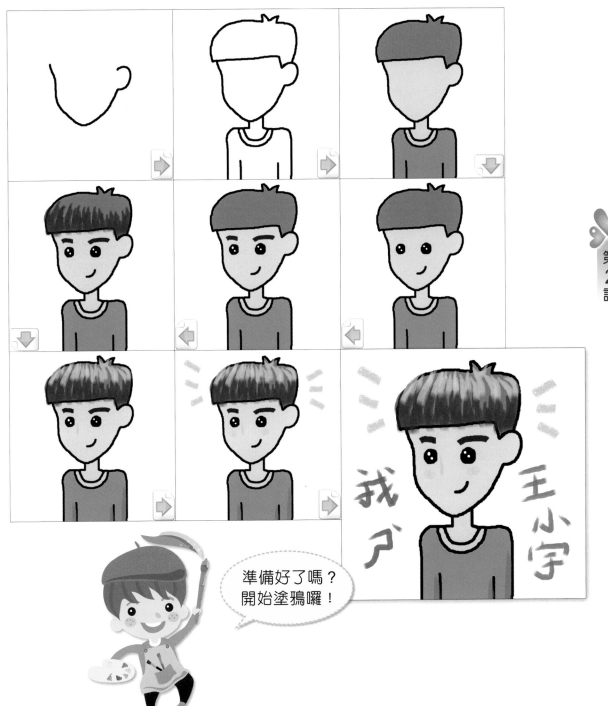

準備好了嗎？
開始塗鴉囉！

4 用粉刷畫人物輪廓線

先畫好人物的輪廓線、填上基本底色，再用各種筆刷畫出細節，
是讓圖形顯得細緻漂亮的秘訣喔！ Let's Go！

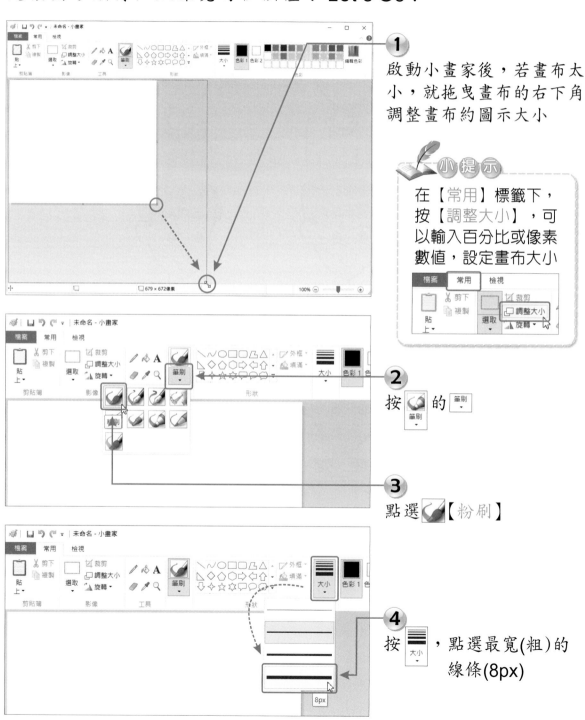

1 啟動小畫家後，若畫布太小，就拖曳畫布的右下角調整畫布約圖示大小

小提示

在【常用】標籤下，按【調整大小】，可以輸入百分比或像素數值，設定畫布大小

2 按 🖌 的 筆刷

3 點選 🖌【粉刷】

4 按 ☰ 大小，點選最寬(粗)的線條(8px)

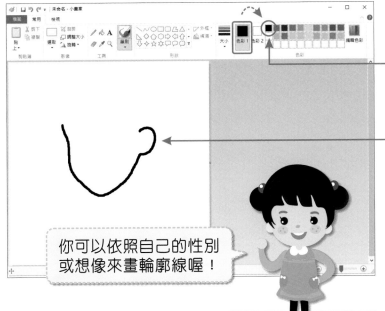

5

【色彩1】點選 █(黑色)

6

按住滑鼠左鍵，先畫出臉部輪廓線
(不需一筆畫完喔！)

你可以依照自己的性別或想像來畫輪廓線喔！

小提示

若畫得不滿意，可以按 Ctrl + Z 復原，重新再畫喔！

第2課

7

接著繼續畫出較完整的所有輪廓線

然後按【檔案/儲存檔案】將成果預先儲存一下吧！

PNG 或 BMP 格式皆可

老師說

繪製圖形輪廓線時，要注意線條必須是封閉的線條！也就是要連接在一起。否則在填入色彩時，顏色會跑出去喔！

封閉的線條　　未封閉的線條

5 填上基本底色與繪製臉部

畫好輪廓線，讓我們來填入底色吧！填好後，接著來繪製臉部的五官圖案！

填上基本底色

1

按 【填入色彩】工具，使用填色技巧，在各區域填入基本底色

用粉刷畫眼睛與嘴巴

1

再度使用 (粉刷)與 ■ (黑色)，畫出兩個眼睛與微笑的嘴巴

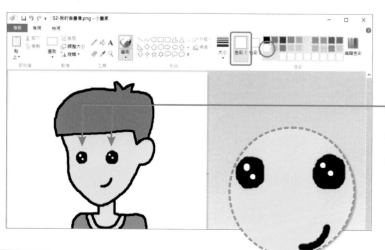

2

點選 □ (白色)，在眼睛內點出反射的光點

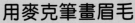

用麥克筆畫眉毛

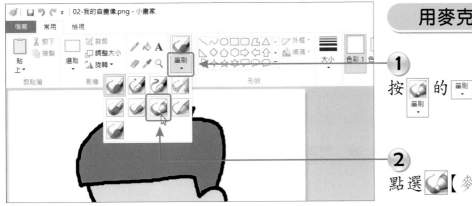

1 按 的 筆刷

2 點選【麥克筆】

3 按 ，點選圖示寬度 (16px)

第2課

4 選擇色彩、並畫出兩道眉毛吧！

畫女生的眉毛，要用比較細的線條喔！

有空時，可以多練習畫畫看，喜怒哀樂這四種表情喔！

6 用水彩筆刷畫頭髮與陰影

用同一個筆刷，使用不同顏色，層層疊繪上去，就可以畫出層次感喔！趕快來畫！

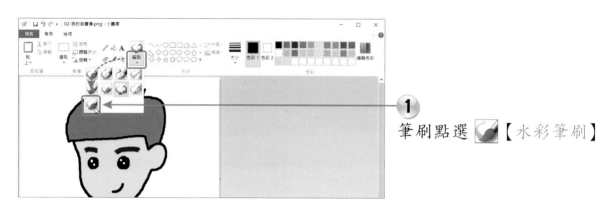

1 筆刷點選 【水彩筆刷】

2 點選大小(40px)，或你認為較適當的粗細

小提示

在右下角的【縮放】，向右拖曳可以放大畫布，向左則縮小，這樣在細微的部分，能夠看得清楚一點。

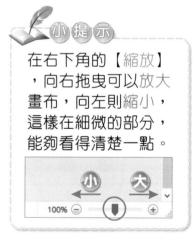

3 點選 ■ 深紅

4 到圖示位置，畫出較深的髮色

5 筆刷大小更改為30px、色彩點選 ▢(淺黃)

接著畫出較淺的髮色

6 筆刷大小更改為16px、色彩設定為較深的膚色 ▢(使用【編輯色彩】技巧)

然後到圖示位置,畫出鼻子的陰影

第2課

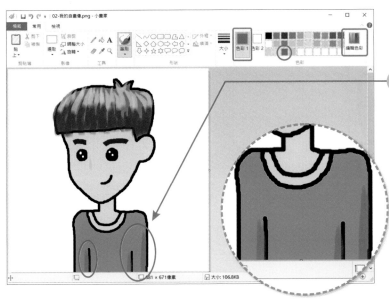

7 色彩設定為較深的綠色,接著畫出衣服的陰影

小提示

畫上陰影,可以表現立體感!

7 用噴槍畫腮紅

在兩頰畫上淺淺的腮紅，可以讓表情更生動、氣色更好喔！但是千萬別用太重的顏色，不然就變大濃妝囉！

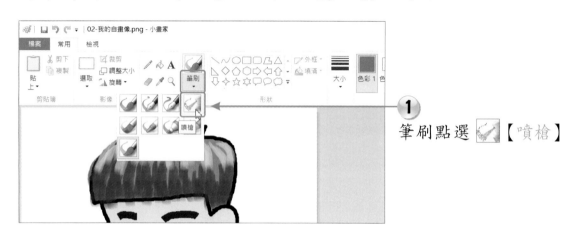

① 筆刷點選 【噴槍】

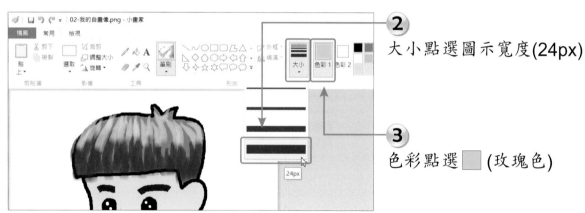

② 大小點選圖示寬度(24px)

③ 色彩點選 ▨ (玫瑰色)

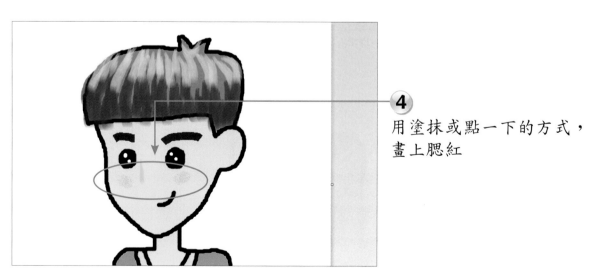

④ 用塗抹或點一下的方式，畫上腮紅

8 用蠟筆畫裝飾圖案

裝飾圖案具有畫龍點睛的效果，可以讓作品看起來更精彩有趣！但記得別喧賓奪主喔！

① 筆刷點選 【蠟筆】

② 點選 (金色)

③ 到頭部旁邊畫出光芒

但要注意，別搶了主角的風采喔！

當然也可以用喜歡的筆刷與顏色，畫想要的裝飾圖案喔！

第2課

9 用油性筆刷來寫字

既然是【筆】刷，當然可以用它來寫字囉！讓我們為自畫像簽上自己的姓名，這張作品就更顯獨一無二啦！

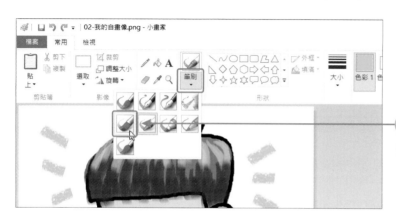

① 筆刷點選 【油性筆刷】

② 大小點選圖示寬度(16px)

接著點選喜歡的色彩，在空白處，寫上你想說的話，這張自畫像就完成囉！

耶！超酷！記得要存檔喔！

10 自畫像可以怎麼用

自畫像完成囉！想想看可以應用到哪裡呢？很簡單！就是需要【大頭貼】的地方喔！例如：社群網站、通訊軟體、部落格...等等。

社群網站：Facebook

通訊軟體：LINE

通訊軟體：Skype

部落格：痞客幫

第2課

老師說

你也可以按【檔案 / 列印 / 列印】，將自畫像列印出來，貼到筆記本、房間門口、鉛筆盒...等等任何私人的物件或場所，宣示所有權喔！

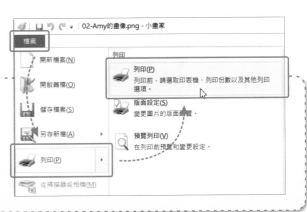

 練功囉

1. 在小畫家手繪塗鴉時，要用哪個工具？
   ☐ 形狀　　　　☐ 筆刷　　　　☐ 填入色彩

2. 以下哪個不是小畫家的筆刷？
   ☐ 粉刷　　　　☐ 油性筆刷　　☐ 油漆刷

3. 設定筆刷的顏色，是使用【色彩1】還是【色彩2】？
   ☐ 色彩1　　　☐ 色彩2　　　☐ 以上皆可

4. 在使用形狀工具的狀態下，哪個是圖形內部填滿色彩？
   ☐ 色彩1　　　☐ 色彩2　　　☐ 以上皆可

5. 要避免填色時，顏色跑出輪廓線外，要注意線條必須是？
   ☐ 開放的線條　☐ 彎曲的線條　☐ 封閉的線條

 練功囉

使用本課學到的技巧，為麻吉們畫一幅獨一無二的畫像吧！

比一比，看誰畫得最棒！

3 我也會畫卡通

一 幾何圖案與曲線運用

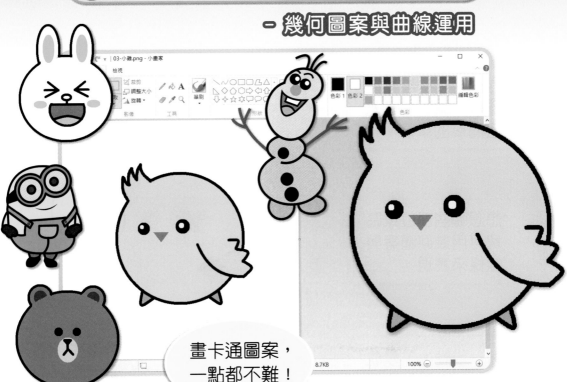

畫卡通圖案，
一點都不難！

1 用幾何圖案與線條來創作

2 本課繪製練習提要

3 用形狀工具來畫圖

4 用曲線工具來畫圖

5 無限想像的圖案創作

大方送 - 卡通圖案

1 用幾何圖案與線條來創作

不需要厲害的繪畫技巧,用 幾何圖案+線條,就可以創作出超多漂亮的圖案,尤其是卡通圖案,輕輕鬆鬆就可以完成喔!以下就是創作技巧:

觀摩現成的圖案、公仔,或先在紙上畫簡單的草稿。

想想哪些部位或區塊可用幾何圖案與線條來表現。

進一步簡化,變成幾何圖案與線條來組合。

用【小畫家】完成繪製。

想一想

熟能生巧,多多練習,素人也能變高手!

簡化 ⇨ 組合 ⇨ 畫線條 ⇨ 修飾 ⇨ 填色,就完成啦!

2 本課繪製練習提要

本課讓我們來畫一隻可愛的卡通小雞！以下是繪製過程提要：

畫卡通,
Let's Go !

第
3
課

3 用形狀工具來畫圖

讓我們用橢圓形與三角形工具，來畫(組合)身體與臉部圖案吧！

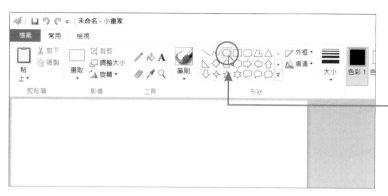

用橢圓形畫身體

1
啟動小畫家，點選【形狀】
工具組的 ○【橢圓形】工具

小提示

畫布設定約如第2課
練習的大小即可。
(方式可複習P28頁)

2
按【外框】，點選【純色】

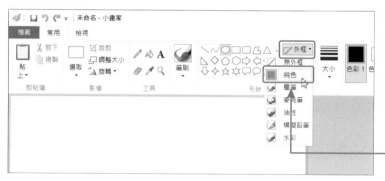

3
按【填滿】，點選【純色】

 **老師說**

使用【形狀】工具時，【外框】與【填滿】除了
點選【純色】或有/無之外，還有筆刷效果可以
挑選喔！有空可以試試看！

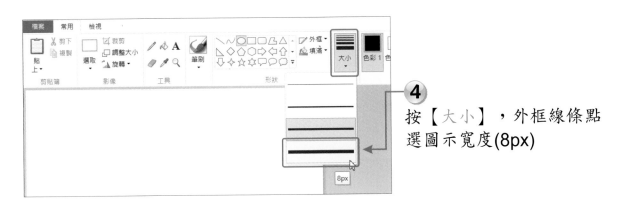

4 按【大小】，外框線條點選圖示寬度(8px)

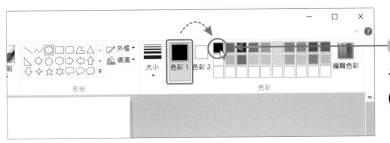

5 按【色彩1】，點選 ■ (黑色)，設定外框色彩

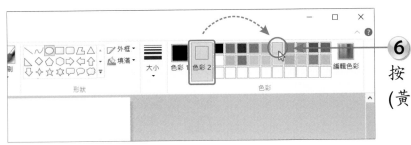

6 按【色彩2】，點選 □ (黃色)，設定填滿色彩

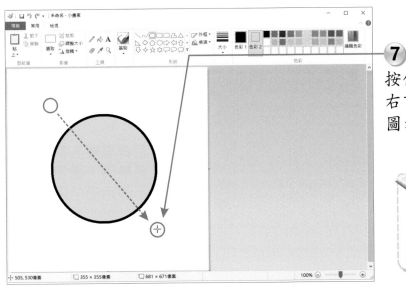

7 按住 Shift ，從左上，向右下，拖曳畫出一個約如圖示大小的正圓形

小提示

使用橢圓形工具時，按住 Shift 鍵，則可畫出正圓形。

第3課

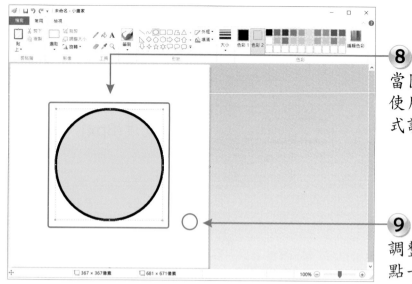

8

當圖形在選取狀態下，可使用方向鍵或用拖曳的方式調整位置

9

調整好位置後，在空白處點一下，取消選取

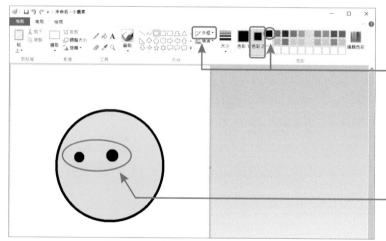

用橢圓形畫眼睛

1

點選【外框 / 無外框】、【色彩2】更換為 ■ 黑色

2

在圖示位置畫出兩個黑色的眼睛

3

使用【編輯色彩】技巧，將【色彩2】更換為很淺的灰色

> 往後若有需要去背，除了背景外，圖案填色就不要用白色喔！

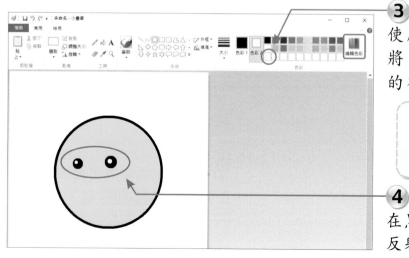

4

在黑色眼睛上，畫出兩個反射的光點

44

用三角形畫嘴巴

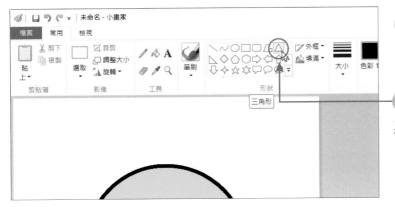

1 點選 △【三角形】工具

2【外框】點選【無外框】

3【色彩2】點選 ■(紅色)

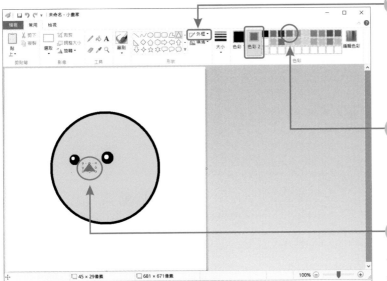

4 在圖示位置畫出一個小小的三角形

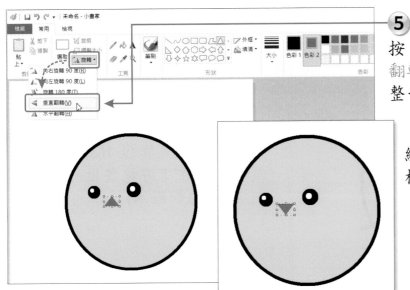

5 按【旋轉】，點選【垂直翻轉】，再使用方向鍵調整一下位置吧！

練習至此，先儲存一下檔案吧！

4 用曲線工具來畫圖

需要比較圓弧形狀的線條時，用【曲線】工具來畫就對啦！確實掌握技巧，任何形狀都可以畫得出來喔！

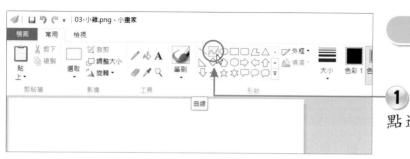

畫翅膀與腳

1 點選 〰️【曲線】工具

2 【外框】點選【純色】

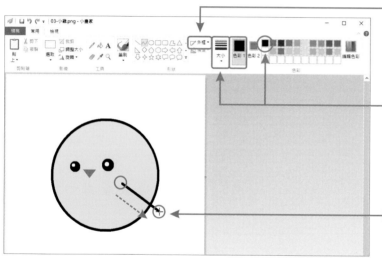

3 【大小】點選【8px】、【色彩1】點選 ■(黑色)

4 在圖示位置，先拖曳畫出一條直線

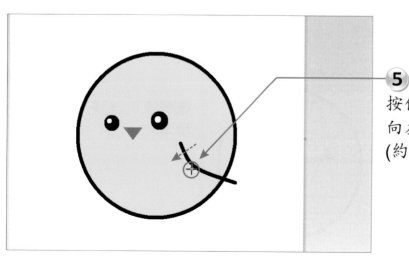

5 按住直線約 1/3 的地方，向左下方拖曳出一個弧度(約如圖示)

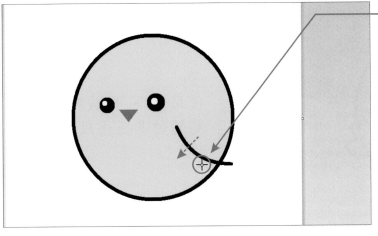

6

接著按住約 2/3 的地方，往左下方拖曳，即可畫出相當平滑的曲線囉！

小提示

拖曳第 2 個點之後，這段曲線即完成繪製，記得在空白處點一下，取消選取，才能再畫下一個線段喔！

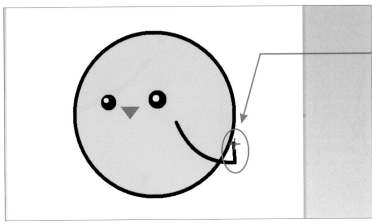

7

在圖示位置，繼續拖曳畫出一小段直線

小提示

第2段線條的起點，要接在第1段線條的末端喔！(否則待會填色時，顏色會跑出去。)

第
3
課

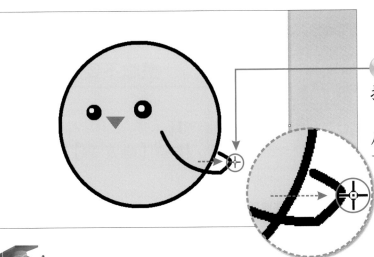

8

按住直線約正中央的地方，向右拖曳出約如圖示弧度，接著在拖曳點上點一下，完成繪製

老師說

使用兩點拖曳方式，可以畫出較平滑的曲線；如果只拖曳一個點來繪製曲線時，記得要在拖曳點上點一下，否則拉出的弧度會變形喔！

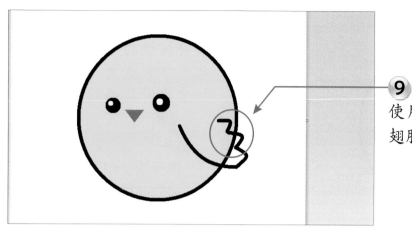

9 使用 **7** ～ **8** 技巧，畫出
翅膀的其他兩段曲線

10 繼續畫出兩隻小小的腳

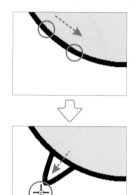

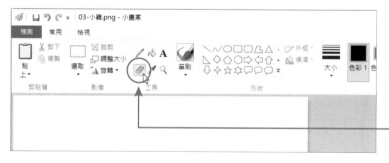

擦除不要的線條

1 按 ✐【橡皮擦】工具

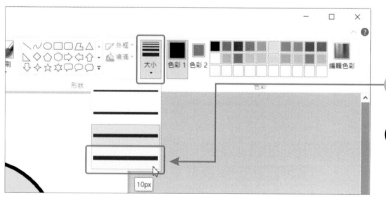

2 【大小】點選最大的寬度
(10px)

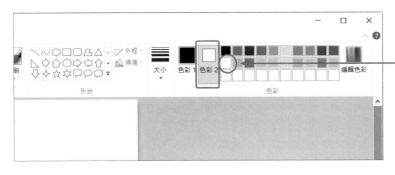

【色彩2】點選 ☐ (白色)

小 提 示

橡皮擦工具所擦掉的地方，是顯示【色彩2】的顏色。

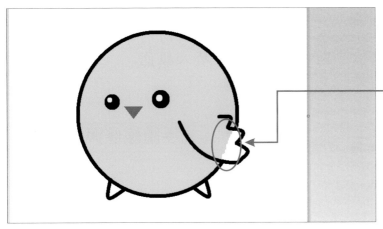

用拖曳或點一下的方式，擦掉不要的線條(如圖示)

第 3 課

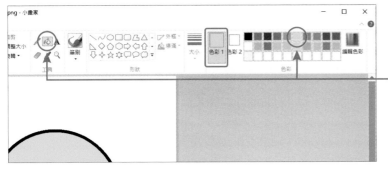

補填顏色

1

點選 🪣【填入色彩】工具，接著點選【色彩1／☐(黃色)】

2

到圖示區域點一下，填入顏色

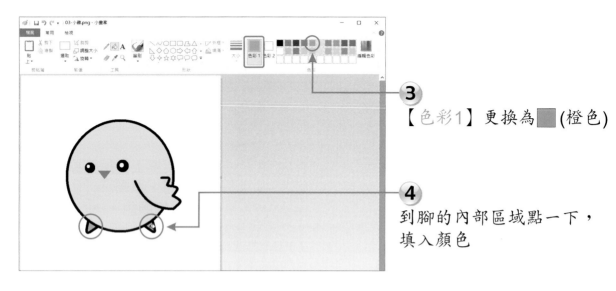

3

【色彩1】更換為 ■(橙色)

4

到腳的內部區域點一下，
填入顏色

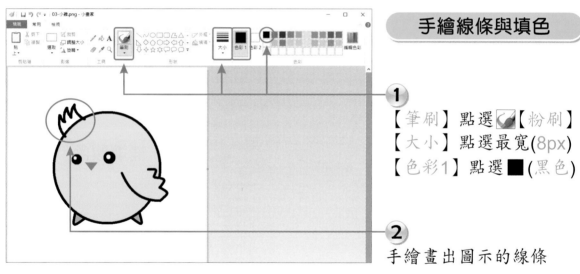

手繪線條與填色

1

【筆刷】點選 ✎【粉刷】
【大小】點選最寬(8px)
【色彩1】點選 ■(黑色)

2

手繪畫出圖示的線條

3

使用擦除與填色技巧，完
成圖示圖案，可愛的小雞
就繪製完成囉！記得要存
檔喔！

5 無限想像的圖案創作

使用本課學到的技巧，你就可以用幾何圖案與簡單的線條，畫出超多創意圖案！例如：

第3課

完成

創意延伸

捲捲頭　　爆炸頭　　辮子頭

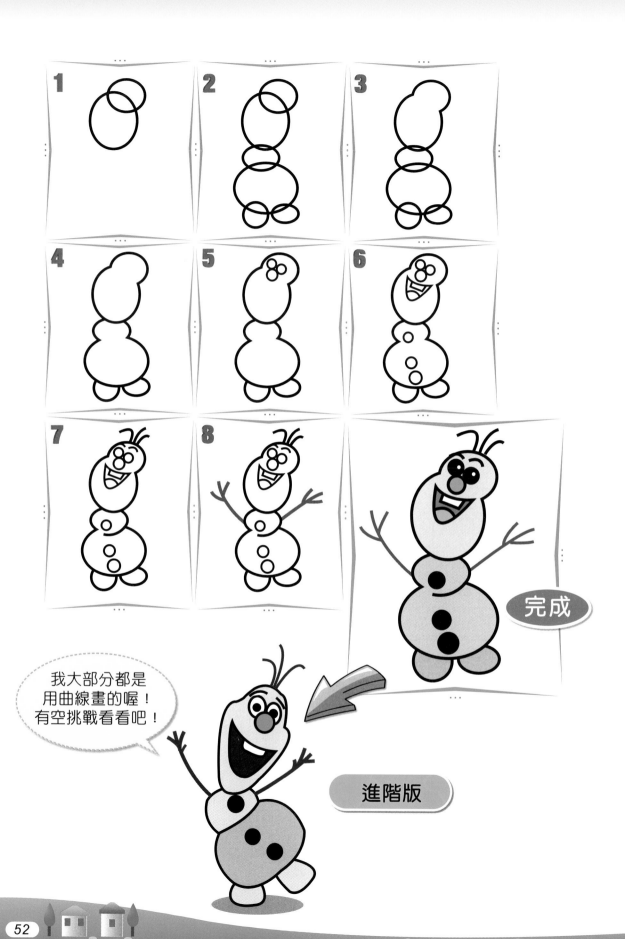

我大部分都是
用曲線畫的喔！
有空挑戰看看吧！

進階版

完成

進階版

完成

熟能生巧！
只要勤加練習，
簡單的工具，
也能畫出
超棒的圖喔！

仔細觀摩、體會以下的創作示範，然後舉一反三、發揮想像力，
就能創作出更多更棒的作品喔！

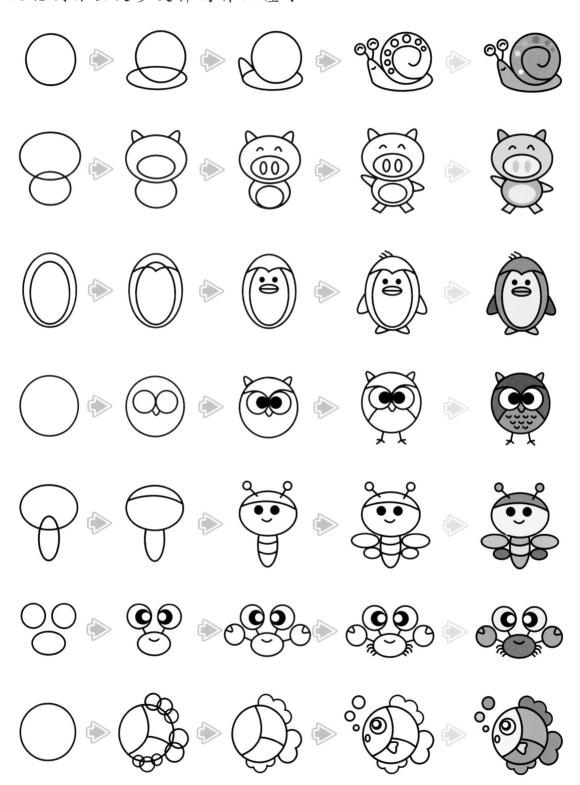

大方送 卡通圖案

本書光碟【大方送】資料夾中，還有很多【卡通圖案】要送給你喔！

第3課

練 功 囉

1. 簡化圖案的技巧，最重要的是要？

   ☐ 手繪塗鴉　　☐ 高深的技巧　　☐ 幾何圖案化

2. 使用橢圓形工具時，按住哪個鍵，可以畫出正圓形？

   ☐ Ctrl　　　　☐ Shift　　　　☐ Alt

3. 要畫出較平滑的曲線，要用哪個方法？

   ☐ 拖曳兩次　　☐ 拖曳一次　　☐ 以上皆可

4. 用拖曳一次的方法畫曲線，避免弧度變形，要注意？

   ☐ 在拖曳點上點一下　　☐ 在空白處點一下

練 功 囉

仿照本課第52、53頁 的繪製過程模式，試試看能不能畫出圖示的雪寶與小小兵吧！

你也可以
按照自己的想法
來畫喔！

4 我的創意組合畫

- 彩繪背景與圖案組合

大家好

彩繪、組合，
無限創意！

1 圖案組合樂趣多

在背景圖上，貼上已經繪製完成的各種圖案(例如：卡通圖案)，再發揮想像力，加工一下，就可以組合出超多生動有趣或漂亮精緻的畫作喔！

除了將圖案貼到背景圖上，進行組合外，還可以將不同的圖案組合起來，產生更多創意圖案喔！

2 本課繪製練習提要

本課讓我們先彩繪一張背景圖，接著貼上已經畫好的卡通圖案，再加上圖說對話，完成一幅創意組合畫吧！

③ 設定畫布大小畫舞台底座 －矩形與直線工具

讓我們用數值設定一個想要的畫布，然後用矩形與直線工具，畫出 (組合) 舞台的底座吧！

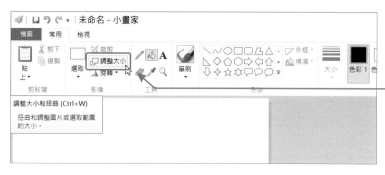

設定畫布大小

1 啟動小畫家後，按【調整大小】

2 先取消勾選【維持外觀比例】

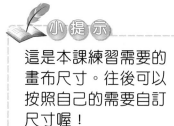

小提示
這是本課練習需要的畫布尺寸。往後可以按照自己的需要自訂尺寸喔！

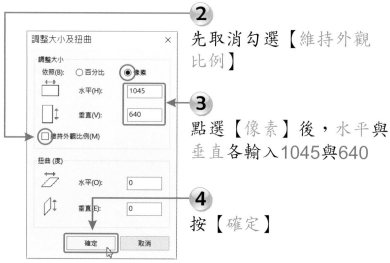

3 點選【像素】後，水平與垂直各輸入1045與640

4 按【確定】

繪製舞台底座

1 點選□【矩形】工具，按【外框】，點選【純色】

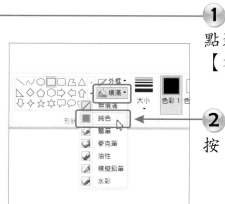

2 按【填滿】，點選【純色】

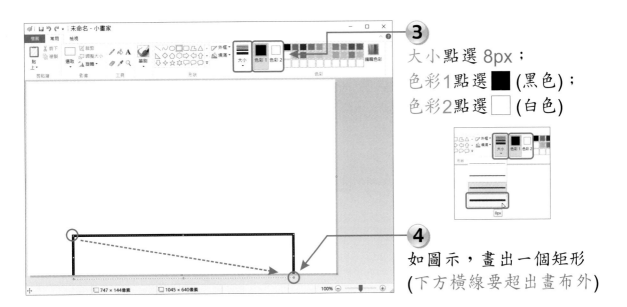

3

大小點選 8px；
色彩1點選 ■ (黑色)；
色彩2點選 □ (白色)

4

如圖示，畫出一個矩形
(下方橫線要超出畫布外)

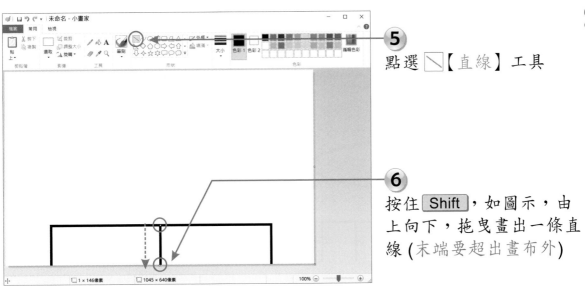

5

點選 ╲【直線】工具

6

按住 Shift，如圖示，由
上向下，拖曳畫出一條直
線 (末端要超出畫布外)

第4課

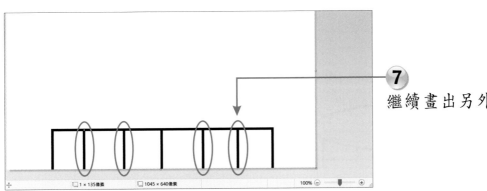

7

繼續畫出另外4條直線

4 畫舞台檯面 —橢圓形工具與縮放

有了舞台底座，還需要檯面，才構成一個完整的舞台。讓我們用橢圓形工具來完成吧！

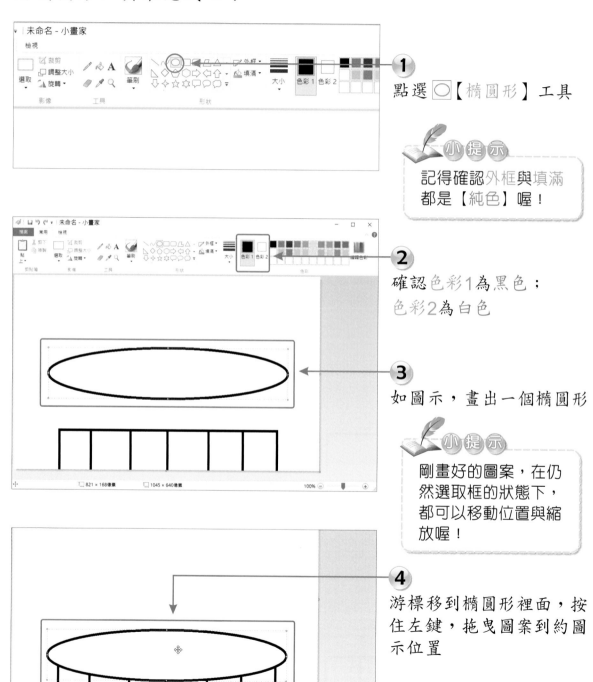

1 點選 ○【橢圓形】工具

小提示
記得確認外框與填滿都是【純色】喔！

2 確認色彩1為黑色；色彩2為白色

3 如圖示，畫出一個橢圓形

小提示
剛畫好的圖案，在仍然選取框的狀態下，都可以移動位置與縮放喔！

4 游標移到橢圓形裡面，按住左鍵，拖曳圖案到約圖示位置

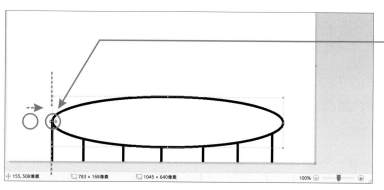

5 按住左方中央的控點，向右拖曳，使橢圓與矩形的左側邊切齊

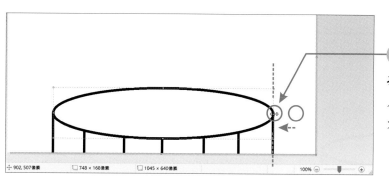

6 按住右方中央的控點，向左拖曳，使橢圓與矩形的右側邊切齊

第4課

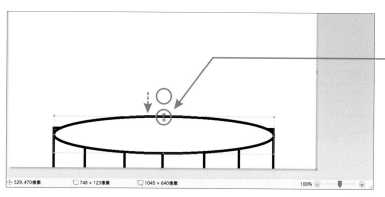

7 按住上方中央的控點，向下拖曳，壓扁橢圓，約如圖示

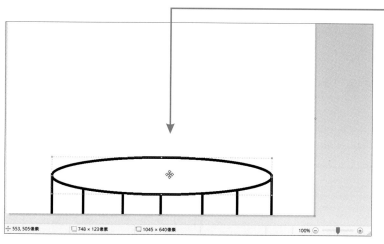

8 調整橢圓位置如圖示，舞台的形狀就完成喔！

你可以使用鍵盤的方向鍵，在尚未取消選取的狀態下，細微的調整圖案位置。

5 畫舞台背景與填色

舞台畫好囉！現在繼續用曲線繪製背景需要的線條、填上顏色後，再用星形工具畫裝飾圖案吧！

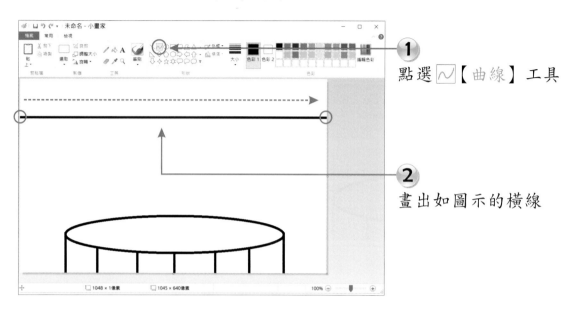

1

點選 【曲線】工具

2

畫出如圖示的橫線

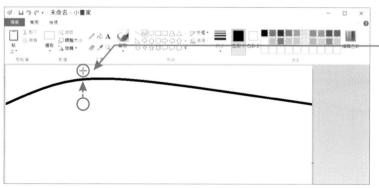

3

按住左鍵不放，向上拖曳出第1個弧度

小提示

用【曲線】工具，不僅可以畫圓弧，還可以畫波浪形線條喔！

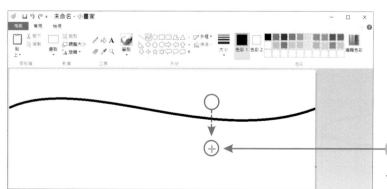

4

再向下拖曳出第2個弧度

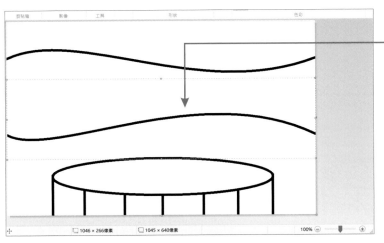

5 使用繪製波浪形曲線的技巧，畫出第2條曲線

6 點選 🪣【填入色彩】工具後，色彩1設定為 ☐ (使用編輯色彩技巧)

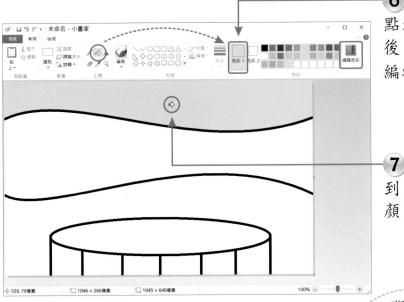

7 到圖示區域點一下，填入顏色

背景色塊有黑邊線的話，多難看呀！

8 接著點一下圖示曲線，填入相同顏色

第4課

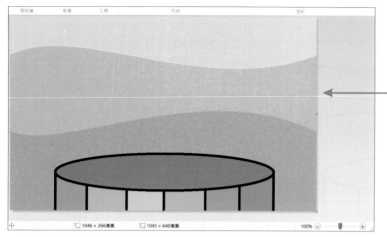

9

接著繼續填入其他區域的色彩吧！

用星形畫裝飾圖案

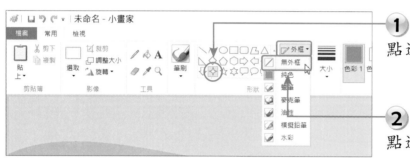

1

點選 ☆【四角星形】工具

2

點選【外框 / 無外框】

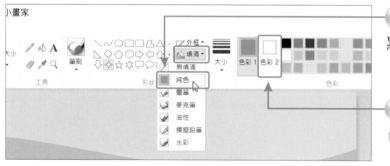

3

點選【填滿 / 純色】

4

色彩2設定為☐(白色)

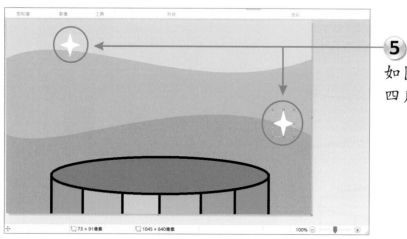

5

如圖示，畫出兩個白色的四角星形圖案

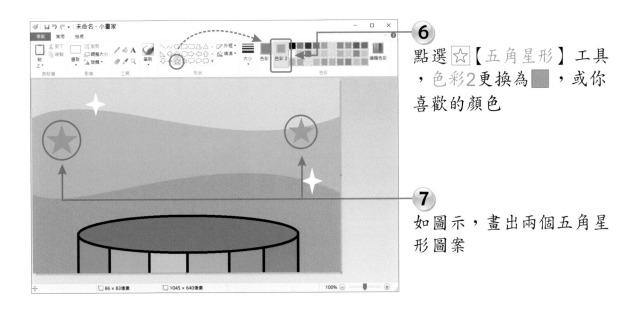

6 點選 ☆【五角星形】工具，色彩2更換為 ，或你喜歡的顏色

7 如圖示，畫出兩個五角星形圖案

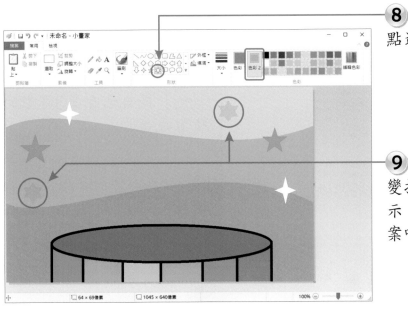

8 點選 ☆【六角星形】工具

9 變換色彩2的顏色，如圖示，繼續畫出兩個裝飾圖案吧！

第4課

10 練習至此，按【檔案／儲存檔案】，點選【PNG】格式，命名為【04-彩繪背景圖】，將第一個成果儲存起來吧！

6 貼上來源、去背與裁剪

漂亮的背景圖完成囉！讓我們將平常就畫好的卡通圖案組合到(貼到)背景圖上，讓主角粉墨登場吧！

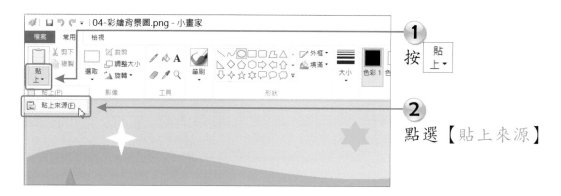

① 按【貼上】

② 點選【貼上來源】

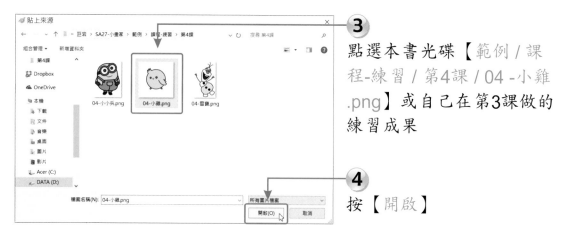

③ 點選本書光碟【範例 / 課程-練習 / 第4課 / 04 -小雞.png】或自己在第3課做的練習成果

④ 按【開啟】

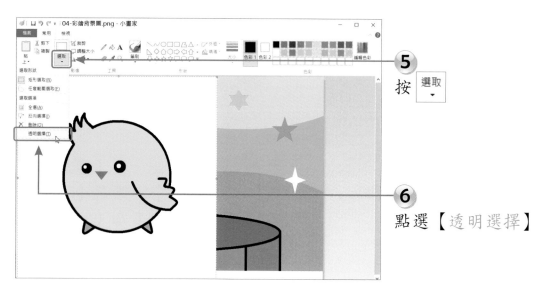

⑤ 按【選取】

⑥ 點選【透明選擇】

7

成功去除圖案的白色背景！

小提示

此時若無法成功去背，請參考最下面的老師說。

小提示

因貼上的圖片高度大於背景圖，所以背景圖會自動加大高度。這個部分，待會再裁剪掉就可以囉！

第4課

8

拖曳選取框的控點，縮小圖案，約如圖示大小

詳細步驟，
在第5課
會再做練習喔！

老師說

若無法去除白色背景，可以改用以下方法：

1
開啟圖案，按【⬇/透明選擇】，再按☐，框選圖案，接著按【複製】。

2
開啟背景圖後，按
📋(貼上)即可。

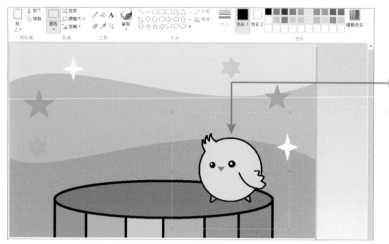

9

拖曳圖案到圖示位置

10

繼續使用【貼上 / 貼上來源】，貼上【04-雪寶.png】與【04-小小兵.png】，並安排至圖示位置

小提示

你也可以貼上第3課【練功囉】的成果，或自己畫的其他卡通圖案喔！

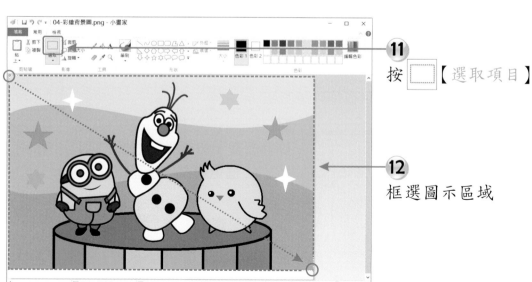

11

按 ☐ 【選取項目】

12

框選圖示區域

13 按【裁剪】，即可裁剪掉下方白色區塊(保留選取區域)

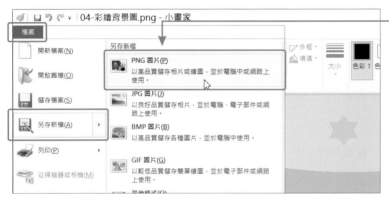

14 接著按【檔案/另存新檔/PNG 圖片】，命名為【04-卡通人物大集合】，將第2個成果儲存來吧！

第4課

加上圖說對話，會顯得更活潑、生動喔！

若貼上的是第3課【練功囉】成果，結果就會是這樣喔！

7 繪製圖說對話框

讓可愛的卡通人物開口說話，整張圖就會變得更生動有趣喔！
這一節就來畫一個圖說對話框吧！

1

點選 ⬭【橢圓形圖說】工具

2

外框 - 純色、填滿 - 純色
大小 - 8px
色彩1與色彩2 - 皆為黑色

畫出第1個黑色的圖說
圖案，當作陰影效果。

3

如圖示，拖曳畫出一個圖
說圖案

4

在背景上點一下，取消選
取

5

色彩1更改為 ▨ 橙色
色彩2更改為 □ 白色

6

再畫出一個圖說圖案，疊
在第一個圖說上方 (稍微
錯開，使其有陰影的感覺)
記得在背景上點一下，取
消選取

製作彩色文字

運用點小技巧，就可以讓文字從單色變彩色！這樣一來，圖說對話就更繽紛漂亮啦！趕快來做！

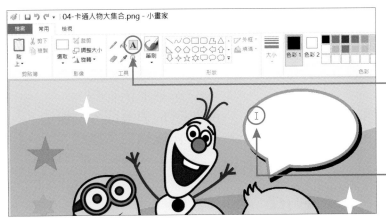

新增文字

1

點選 A【文字】工具

2

在圖示位置點一下，準備輸入文字

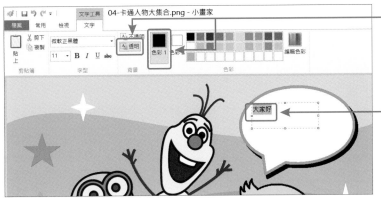

3

按【透明】；
色彩1設定為 ■黑色

4

輸入文字：大家好，然後拖曳選取所有文字

小提示

中文的部分，目前小畫家只支援微軟正黑體的輸入！(其他字型會變躺平的狀態)

5

按【字型大小】的 ▪ 下拉方塊，點選【48】

第 4 課

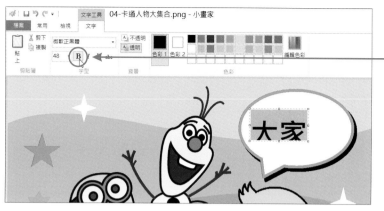

6 按 B【粗體】

小提示

當文字在被選取狀態下，都可更改字級、粗細與色彩喔！若取消選取，就無法再編輯文字格式了。

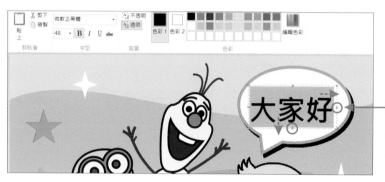

7 拖曳控點，加大文字框，使文字全部顯示

8 按住文字框的框線，拖曳移動整組文字到圖示位置

拆解文字圖案與填色

1 按 ▢【選取項目】

2 框選文字上方、約1/3的區域 (不要框選到圖說圖案框線喔！)

小提示

把文字圖案拆解成幾個部分，分別填色後，再恢復原狀，就變成彩色文字囉！

3 按幾下鍵盤的 ↑，將選取的區塊往上移動

第4課

4 在背景上點一下，取消選取

5 框選文字下方、約1/3的區域，再用 ↓ 往下移動

⑥ 點選 🪣【填入色彩】工具後，如圖示，上中下各填入不同顏色
(用【色彩1】的顏色喔！)

接合分割的文字

① 按 選取 ⌄

② 確定勾選【透明選擇】

③ 框選上半部，再用 ⬇ 移動，使與中央部分接在一起

④ 框選下半部，再用 ⬆ 移動，使與中央部分接在一起

5 最後在背景上點一下，取消選取，這幅漂亮的彩繪插畫就完成囉！

小提示

記得要存檔！
(為了讓原先未加圖說的彩繪圖可重複使用，建議按【檔案 / 另存新檔】，另外命名儲存，才不會覆蓋到原先的檔案喔！)

本書光碟【大方送】資料夾中，還有很多【背景圖】要送給你喔！

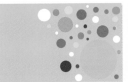

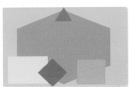

第 4 課

1. 想用數值設定畫布大小，要按？
   - ☐ 調整大小
   - ☐ 旋轉
   - ☐ 檢視

2. 當圖案在選取狀態時，拖曳什麼可以縮放圖案？
   - ☐ 框線
   - ☐ 控點
   - ☐ 圖案本身

3. 想去除貼上圖案的白色背景，要點選？
   - ☐ 反向選擇
   - ☐ 透明選擇
   - ☐ 以上皆可

4. 輸入文字時，哪個才是文字的顏色？
   - ☐ 色彩1
   - ☐ 色彩2

開啟本書光碟【範例 / 練功囉-練習 / 第4課 / 背景圖.bmp】，填上顏色後，再貼上【貓頭鷹.png】、【太陽.png】、【小豬.png】與【小蜜蜂.png】，然後加上趣味圖說對話吧！

圖說對話，可以自由發揮喔！

5 我的專屬公仔

- 照片去背與合成

製作公仔，
超簡單！

妙用無窮的去背功能

想不到用【小畫家】也可以做【去背】吧?!去背後的影像，就可以與其他影像或圖案做合成，變出更多創意組合！例如：

咦?!【小畫家】有【去背】工具嗎？

 **老師說**

用小畫家的 ✎【橡皮擦】工具，就可以做【去背】啦！只要將畫布底色設定為白色，擦去背景(不要的區域)後，再使用【透明選擇】+【複製/貼上】功能，就能將去背的影像與其他圖案(影像)做合成囉！

2 本課繪製練習提要

本課讓我們將一張大頭照去背，接著與卡通公仔身體、背景圖合成，再繪製裝飾圖案，完成三張公仔圖案吧！

裁剪

去背

照片

圖案　　　　　　翻轉　　　　　　組合　　　　　　加上背景

第5課

作品參考：　　　　　　＜A＞　　　　　　　　＜B＞　　　　　　　　＜C＞

3 開啟大頭照與去除背景

臉部清楚、完整的大頭照，最適合拿來製作成個人公仔啦！讓我們先將不要的背景去掉吧！

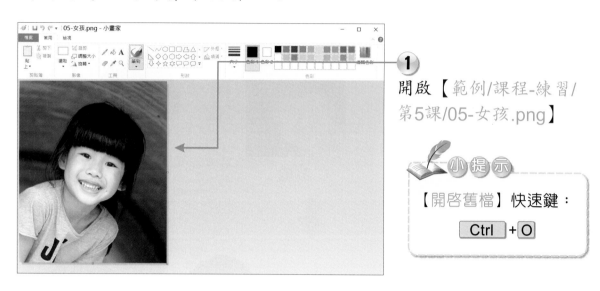

1

開啟【範例/課程-練習/第5課/05-女孩.png】

 小提示

【開啟舊檔】快速鍵：

Ctrl + **O**

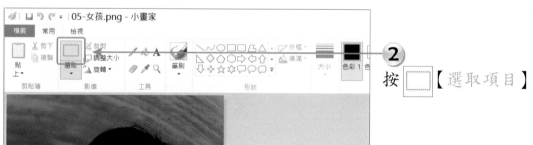

2

按 ☐ 【選取項目】

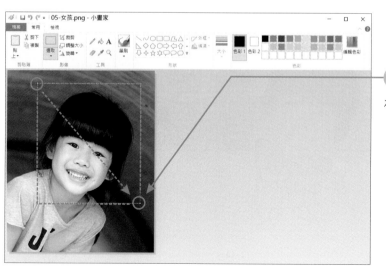

3

框選圖示區域 (頭部)

小提示

框選大約的區域，然後裁剪一下，可省去很多去背的面積喔！

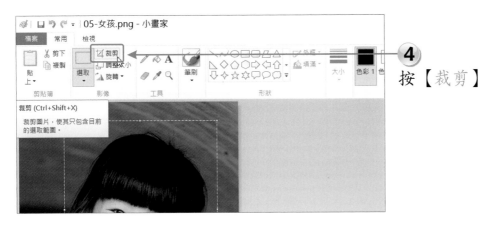

按【裁剪】

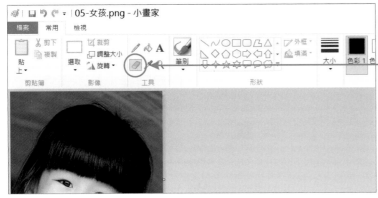

點選 【橡皮擦】工具

小提示

用橡皮擦擦掉的區域，會顯示出【色彩2】的顏色。我們就是利用這個特性，達到去背效果的喔！

第5課

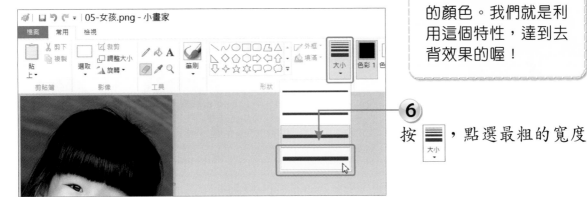

按 ，點選最粗的寬度

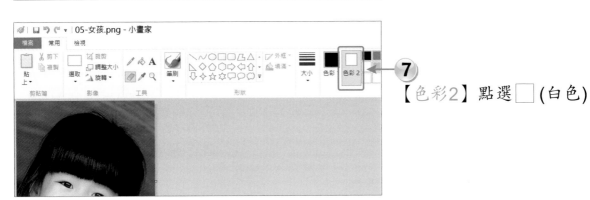

【色彩2】點選 □(白色)

8

沿著頭部的外緣，交互使用塗抹與點一下的方式，開始擦除背景影像
(可分次，不需一次擦除完畢喔！)

小提示

任何時候，若不滿意擦除的結果，可以按 Ctrl + Z 復原後，重新再擦除喔！

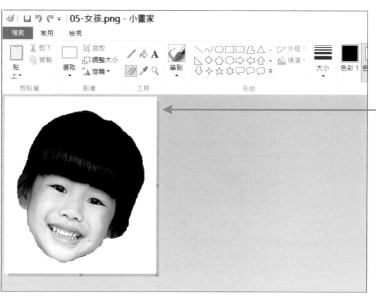

9

如圖示，慢慢、細心完成擦除背景的工作

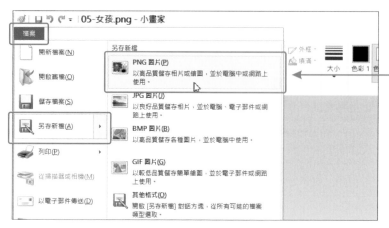

10

完成去背後，按【檔案/另存新檔/PNG圖片】，命名為【05-女孩-去背】儲存備用

4 透明選擇與複製

接著讓我們利用【透明選擇】的功能，複製頭部影像，準備與公仔身體組合起來吧！

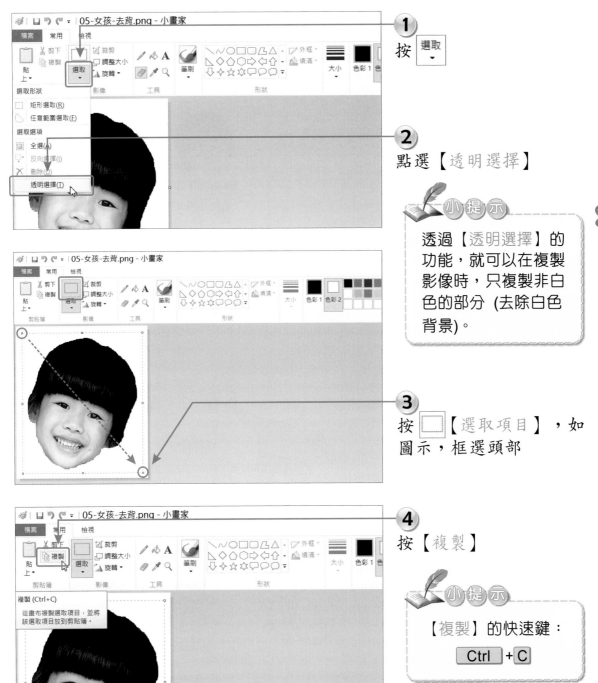

1 按 選取

2 點選【透明選擇】

小提示

透過【透明選擇】的功能，就可以在複製影像時，只複製非白色的部分 (去除白色背景)。

3 按 □【選取項目】，如圖示，框選頭部

4 按【複製】

小提示

【複製】的快速鍵：

Ctrl + C

5 開啟公仔圖案與翻轉

若公仔身體圖案的姿勢(角度)，與頭部影像組合起來，不是太自然，就翻轉一下試試看吧！

① 開啟【課程-練習/第5課/05-公仔身體01.png】

想像一下，貼上頭部後，顯得很不自然！

② 按【旋轉】，點選【水平翻轉】

老師說

原圖

向右旋轉90度

向左旋轉90度

垂直翻轉

水平翻轉

6 貼上頭部影像與調整位置

調整好公仔身體的姿勢(角度)後，就來貼上頭部影像囉！

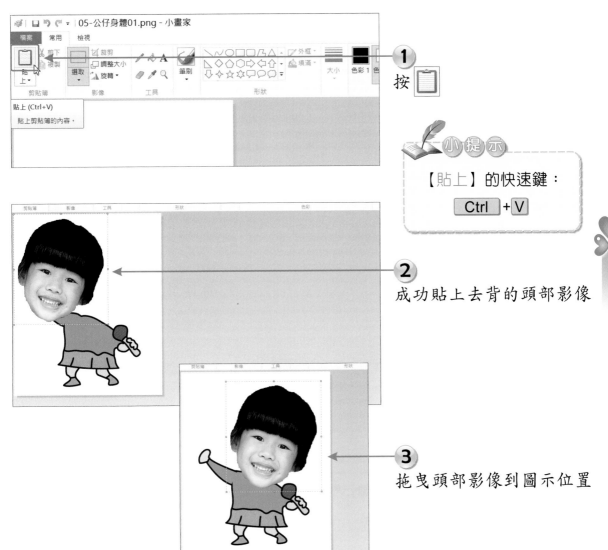

① 按 📋

小提示

【貼上】的快速鍵：

Ctrl + V

② 成功貼上去背的頭部影像

③ 拖曳頭部影像到圖示位置

 老師說

先按【選取 / 透明選擇】，再按【貼上 / 貼上來源】，接著開啓想貼上的影像，也可以達到貼入去背影像的效果，但有時候會因不明原因而不靈！

而使用第4與第6節的方法來貼上，可以保證成功！(前提是：影像背景必須是純白色的喔！)

第5課

按【檔案/另存新檔/PNG 圖片】，命名為【05-我的公仔01】儲存起來吧！

4

5

再開啟【課程-練習/第5課/ 05-公仔身體02.png】

6

直接按 Ctrl + V ，貼上頭部影像

小提示

接著來翻轉一下頭部，這樣與身體組合起來，才比較自然喔！

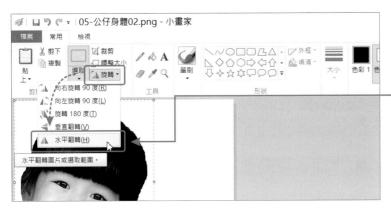

7

按【旋轉/水平翻轉】

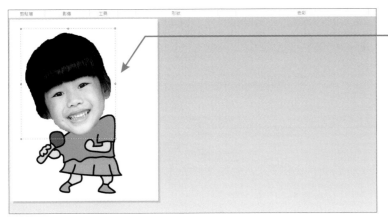

8

拖曳頭部到圖示位置後，接著按【檔案/另存新檔/PNG圖片】，命名為【05-我的公仔02】儲存起來吧！

第5課

9

接著開啟【05-公仔身體03.png】，貼上頭部影像，調整位置後，命名為【05-我的公仔03】儲存起來

練習至此，你已完成3個單獨的公仔圖案囉！

加入背景與繪製裝飾圖案

做好個人公仔後，就可以貼到任何背景圖上，做進一步的美化與加工！隨心所欲，真是太棒啦！

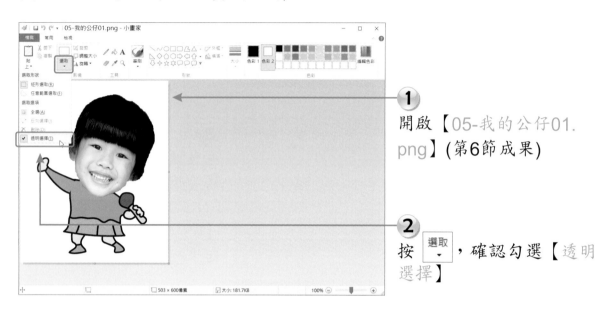

① 開啟【05-我的公仔01.png】(第6節成果)

② 按 [選取] ，確認勾選【透明選擇】

③ 框選公仔圖案後，按【複製】或 Ctrl + C

你也可以將公仔貼到自己畫的背景上喔！

透明選擇+框選+複製，就對啦！

4 開啟【課程-練習/第5課/05-背景圖.png】後，再按 📋 或 Ctrl + V

5 拖曳公仔到圖示位置

6 使用筆刷與填色技巧，繪製裝飾圖案後，另存新檔為【05-我的公仔01-成果.png】

7 使用 **1** ~ **6** 技巧，陸續完成另外2張成果吧！
05-我的公仔02-成果.png
05-我的公仔03-成果.png

第5課

05-我的公仔01-成果.png

05-我的公仔02-成果.png

05-我的公仔03-成果.png

8 公仔圖案可以怎麼用

個人專屬的公仔，可以應用的地方非常多！舉凡門牌(告示牌)、徽章、封面、大頭貼...等等，都可以加上個人公仔喔！

也可以用在臉書、部落格或通訊軟體上喔！

本課完成的3個公仔圖案，在第8課會讓它們變成一個動畫影像喔！請期待！

 **公仔圖案**

在本書光碟【大方送】資料夾中，還有很多【公仔圖案】，方便讓你組合成個人專屬公仔喔！

1. 用什麼工具可以做去背？

   ☐ 筆刷工具　　　☐ 橡皮擦工具　　☐ 填入色彩工具

2. 用橡皮擦工具擦掉的區域，會顯示出哪個色彩？

   ☐ 色彩1　　　　☐ 色彩2　　　　☐ 以上皆是

3. 想達到去背的效果，背景顏色必須是什麼顏色？

   ☐ 白色　　　　　☐ 黑色　　　　　☐ 任何顏色皆可

4. 【貼上】的快速鍵是？

   ☐ Ctrl + C　　　　　　☐ Ctrl + V

使用本書光碟【範例 / 練功囉-練習 / 第5課】中的照片與圖案，組合成一個公仔吧！

你也可以使用自己的照片喔！

6 我的手繪賀卡

－ 噴槍與文字的運用

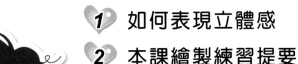

立體感圖案
輕鬆畫！

1 如何表現立體感

要畫出圖案的立體感，最快的方法，就是加入【陰影】。若要顯得更逼真，就要利用【光源】的方向來表現！簡單來說，就是面向光源的部分，要畫得比較亮；反之，背向光源或離光源較遠的部分，則要畫得較暗(較深)。

加入陰影

利用光源

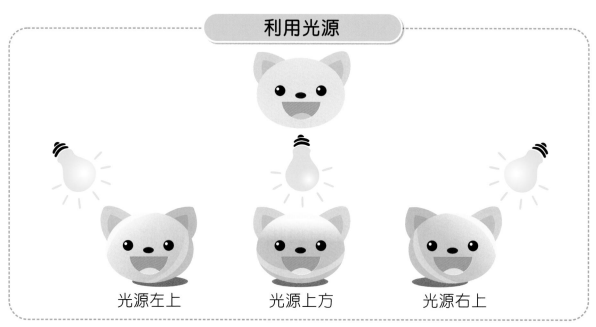

光源左上　　　　　　光源上方　　　　　　光源右上

 老師說

　　【明暗】(顏色深淺) 就是表現【立體感】的訣竅！這個技巧，用小畫家的繪圖工具都能做得到喔！其中則以【噴槍】可以表現得較細膩、柔和。

2 本課繪製練習提要

本課讓我們練習使用噴槍工具，藉著編輯改變深淺的顏色，產生光源明暗的感覺，創造出可愛的熊寶寶吧！

光源在正前方

第6課

3 開啟範例線條稿與填入基本底色

讓我們開啟一張已經畫好小熊輪廓的範例線條稿，然後填上基本的底色吧！

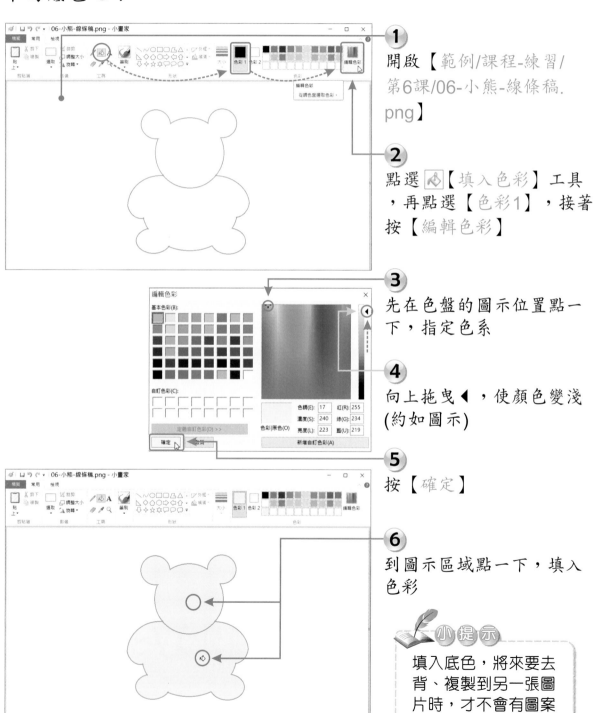

1 開啟【範例/課程-練習/第6課/06-小熊-線條稿.png】

2 點選 【填入色彩】工具，再點選【色彩1】，接著按【編輯色彩】

3 先在色盤的圖示位置點一下，指定色系

4 向上拖曳◀，使顏色變淺(約如圖示)

5 按【確定】

6 到圖示區域點一下，填入色彩

小提示

填入底色，將來要去背、複製到另一張圖片時，才不會有圖案破洞的現象。

老師說

第3節所開啟的線條稿，可以將它當作是畫圖的【草稿】。有草稿作依據，再逐一填色與繪製，會比較容易完成想要的成果喔！以下就是繪製這張線條稿的步驟示範：

❶ 點選 ◯【橢圓形】工具，按【外框/純色】。

❷ 按【填滿/無填滿】。

❸ 按【大小】，點選想要的寬度，例如【3px】。

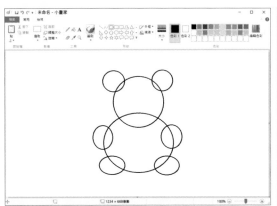
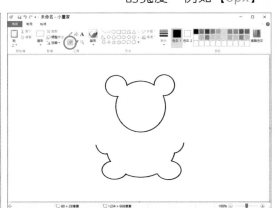

❹ 依照想像，先畫出大約的輪廓線，例如頭、耳朵、雙手與雙腳。

❺ 點選 ◢【橡皮擦】工具，擦掉不要的線條。

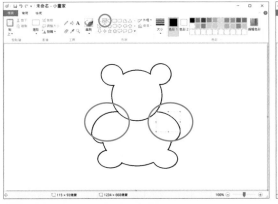

❻ 點選 ∿【曲線】工具，繪製想要的線條，例如雙手的弧度。

❼ 點選 ◢【填入色彩】工具，預先為線條填入顏色後，存檔備用。

4 用噴槍循序畫出立體感

填好基本底色後，就要開始畫立體感的小熊囉！選擇好要用的
噴槍工具，Let's Go！

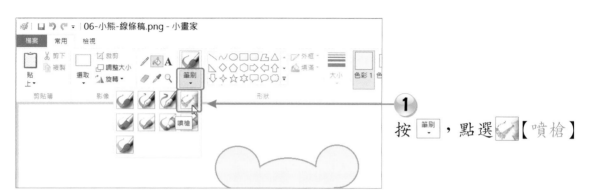

① 按 筆刷，點選 【噴槍】

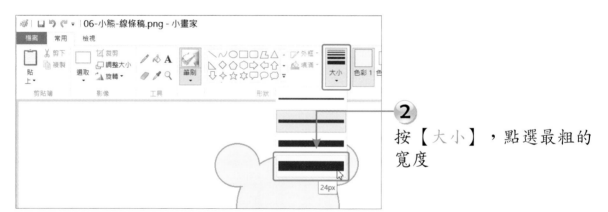

② 按【大小】，點選最粗的
寬度

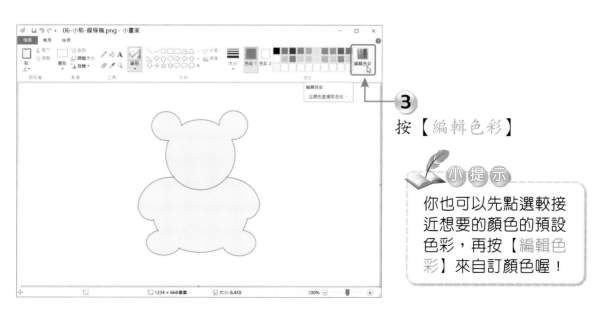

③ 按【編輯色彩】

小提示

你也可以先點選較接
近想要的顏色的預設
色彩，再按【編輯色
彩】來自訂顏色喔！

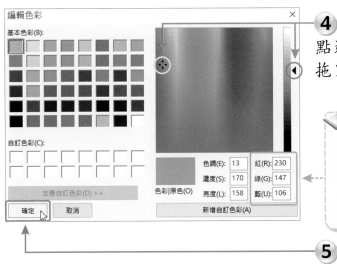

4 點選色盤的圖示色系，再拖曳 ◀，設定深淺如圖示

小提示

你也可以輸入數值來設定顏色！(輸入圖示數值，可設定成與範例相同的顏色。)

5 按【確定】

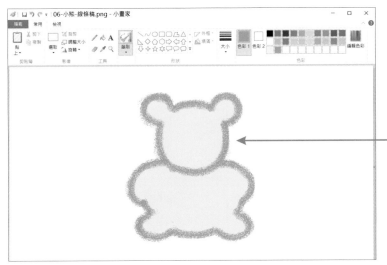

第6課

6 先沿著圖案線條，噴上色彩

不需一筆畫完，可重複噴灑，直到看不見銳利的線條為止

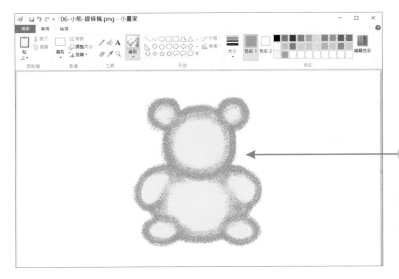

7 繼續在內部噴上色彩，逐漸畫出較清楚的頭、身體與腳的形狀

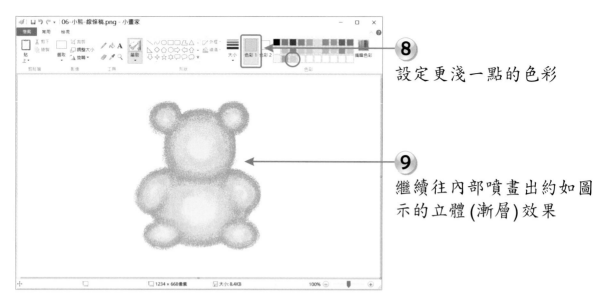

8 設定更淺一點的色彩

9 繼續往內部噴畫出約如圖示的立體(漸層)效果

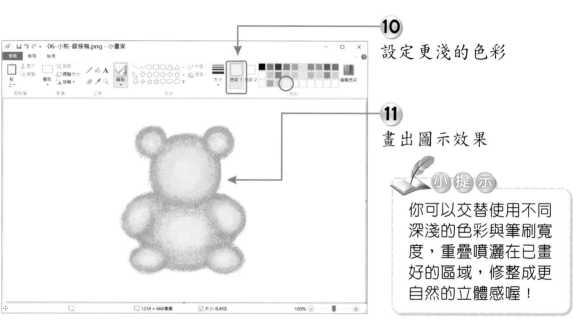

10 設定更淺的色彩

11 畫出圖示效果

小提示

你可以交替使用不同深淺的色彩與筆刷寬度,重疊噴灑在已畫好的區域,修整成更自然的立體感喔!

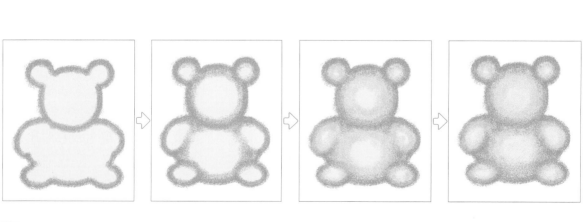

5 繪製臉部圖案

畫好小熊的身體囉！接著讓我們用橢圓形工具與粉刷，畫出可愛的臉吧！

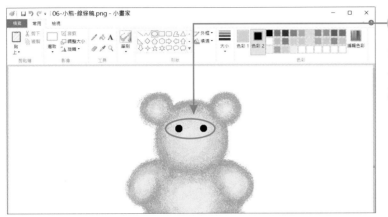

①

點選 ◯【橢圓形】工具，在圖示位置，畫兩個黑色眼睛

小提示

每畫完一個圖案，記得要在空白處點一下取消選取喔！

②

按【編輯色彩】設定很淺的灰色(色彩2)

③

畫出眼睛的反射亮點

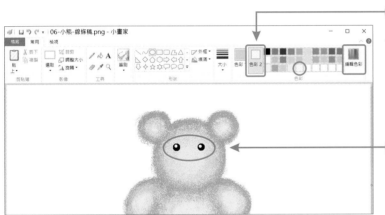

④

按【編輯色彩】設定顏色約如圖示□ (色彩2)

⑤

畫出圖示小熊臉頰

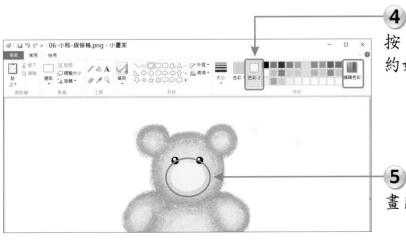

第6課

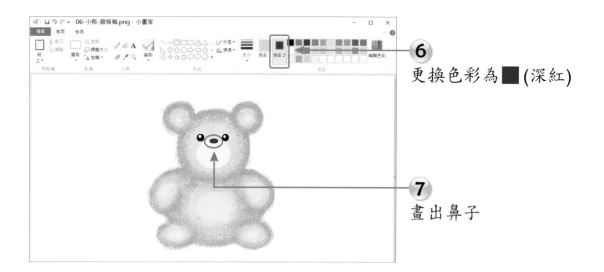

6 更換色彩為 ■ (深紅)

7 畫出鼻子

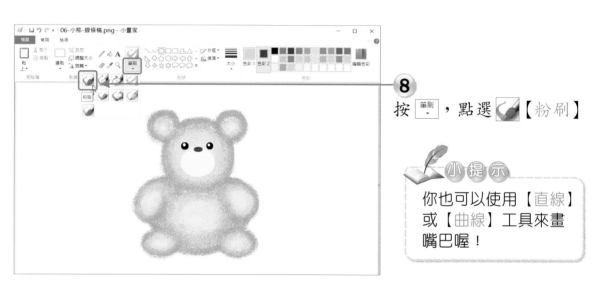

8 按 筆刷，點選 🖌 【粉刷】

小提示

你也可以使用【直線】或【曲線】工具來畫嘴巴喔！

9 【大小】設定為【5px】

小提示

畫圖時，若不知該用哪個寬度的線條，可以先任選一種畫畫看。如果不滿意，就按 Ctrl + Z 復原後，重畫就可以囉！

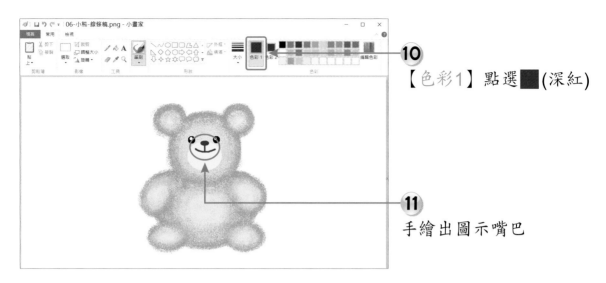

10 【色彩1】點選 ■(深紅)

11 手繪出圖示嘴巴

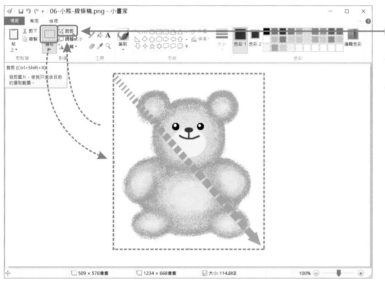 

12 按 □，框選小熊圖案後，按【裁剪】

小提示

將圖案裁剪至適當大小，將來若要複製到其他圖片時，才不會過大！

13 最後按【檔案/另存新檔/PNG圖片】，命名為【06-小熊-成果】，將可愛的小熊儲存起來吧！

繪製卡片底圖與貼上小熊

接著讓我們開新檔案，畫一個簡單的底圖，然後再將可愛的小熊貼進來吧！

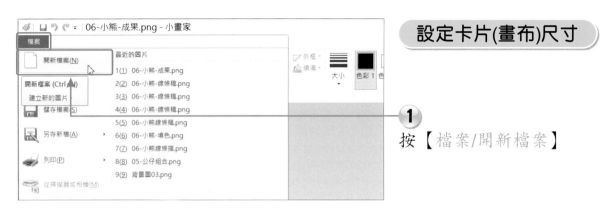

設定卡片(畫布)尺寸

① 按【檔案/開新檔案】

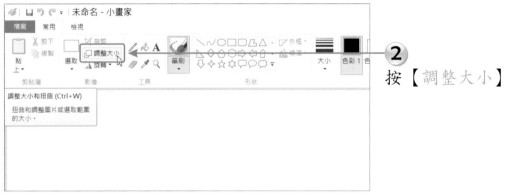

② 按【調整大小】

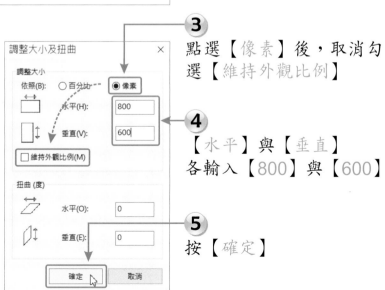

③ 點選【像素】後，取消勾選【維持外觀比例】

④ 【水平】與【垂直】各輸入【800】與【600】

⑤ 按【確定】

繪製底圖

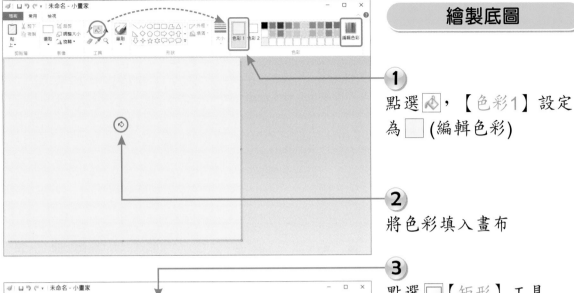

1

點選 🖱，【色彩1】設定
為 ☐ (編輯色彩)

2

將色彩填入畫布

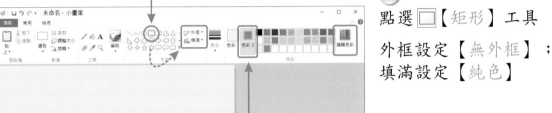

3

點選☐【矩形】工具

外框設定【無外框】；
填滿設定【純色】

第6課

4

【色彩2】設定為 ■
(編輯色彩)

小提示

你也可以設定自己喜
歡的色彩喔！

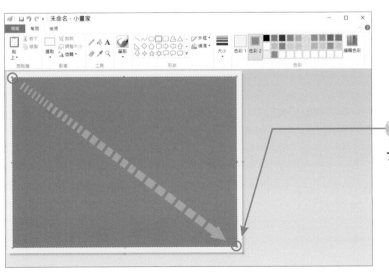

5

如圖示，畫出一個矩形

6

按【檔案/儲存檔案】，
命名為【06-卡片底圖】
(PNG格式) 儲存起來

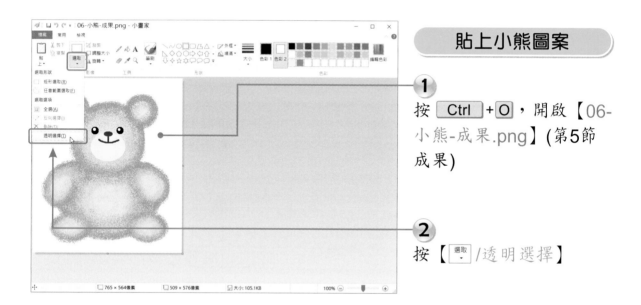

貼上小熊圖案

1

按 Ctrl + O，開啟【06-
小熊-成果.png】(第5節
成果)

2

按【選取/透明選擇】

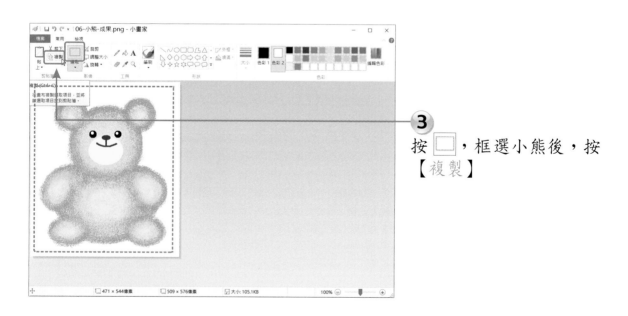

3

按 □，框選小熊後，按
【複製】

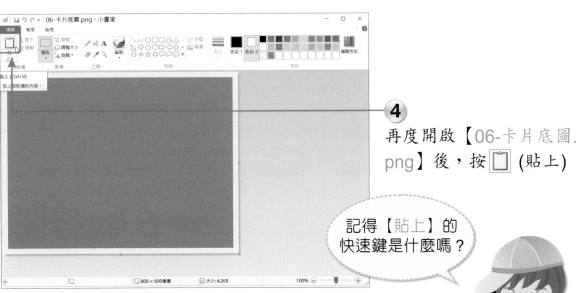

4 再度開啟【06-卡片底圖.png】後，按 📋 (貼上)

記得【貼上】的快速鍵是什麼嗎？

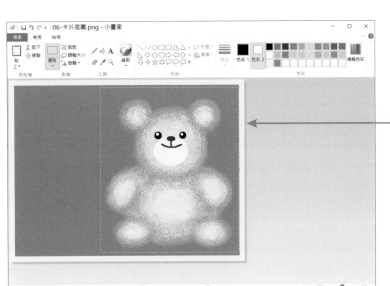

5 拖曳小熊到圖示位置後，在背景點一下，取消選取

 老師說

除了本課的練習外，你也可以自己設計卡片底圖。發揮創意，即使使用同一個小熊圖案來搭配，也可以變出很多卡片喔！

7 加入文字與裝飾圖案

還記得在第4課學過輸入中文嗎？現在讓我們練習輸入英文，並且製作出立體感吧！

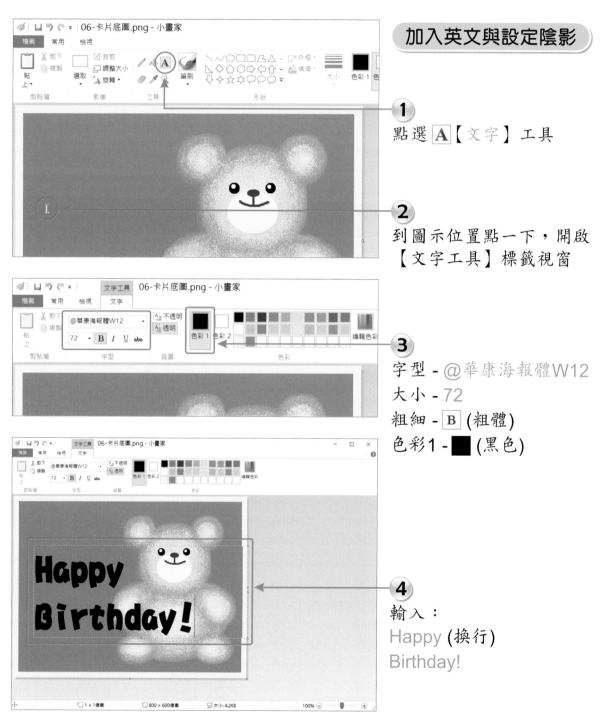

加入英文與設定陰影

1
點選 A【文字】工具

2
到圖示位置點一下，開啟【文字工具】標籤視窗

3
字型 - @華康海報體W12
大小 - 72
粗細 - B (粗體)
色彩1 - ■ (黑色)

4
輸入：
Happy (換行)
Birthday!

5
按住文字虛線框，拖曳整串文字到圖示位置後，在背景上點一下，完成輸入

 小提示

讓我們在這黑色的文字串上，加上一個白色的文字串，製作出立體的感覺吧！

第6課

6
再度選取 **A**，在圖示位置點一下，準備輸入第2個文字串

7
【色彩1】更改為 ☐ (白色)

8
輸入：
Happy (換行)
Birthday!

9

拖曳白色的文字串到圖示位置後，在背景點一下，完成輸入

繪製漸層星形圖案

1

點選 ☆【五角星形】工具
外框 - 無外框
填滿 - 純色
色彩2 - ☐

2

到圖示位置，畫出一個星形圖案 (記得要在背景上點一下，取消選取)

3

【色彩2】更改為 ☐ (編輯色彩)

4

在原星形內部，畫出一個小一點的星形
(剛畫好時，可拖曳控點調整大小；拖曳圖案調整位置)

5

更換色彩，繼續畫出更小的星形

6

更換色彩，再繼續畫出更小的星形，漸層效果的星形圖案就完成囉！

第6課

7

最後再用其他星形工具，畫出更多裝飾圖案吧！

8

手繪卡片完成囉！記得按【檔案/另存新檔/PNG圖片】，命名為【06-卡片-成果】儲存起來喔！

 **搭配 Word 製作文字**

目前用小畫家只能輸入【微軟正黑體】的中文，但若搭配 Word，就可以製作任何想要的中文喔！趕快來學！

❶ 在 Word 中輸入想要的文字。

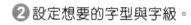

❷ 設定想要的字型與字級。

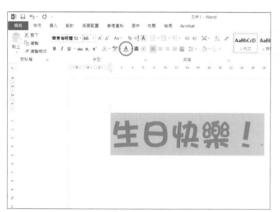

❸ 設定想要的色彩。

❹ 按 📋【複製】。

❺ 視窗切換到小畫家，按 📋【貼上】。
(貼上的文字變成無法再編輯的圖片了)

❻ 拖曳到想要的位置，就完成囉！(若出現多餘的桌布底色，就裁剪一下吧！)

大方送 噴槍效果圖案

本書光碟【大方送】資料夾中，還有很多【噴槍效果圖案】，要送給你喔！

 練功囉

1. 要表現出立體感，該使用哪個技巧？
   ☐ 明暗(顏色深淺)　　☐ 大小　　　☐ 粗細

2. 用哪個工具來畫立體感圖案，感覺會比較柔和？
   ☐ 粉刷　　　　　☐ 蠟筆　　　☐ 噴槍

3. 在小畫家中輸入英文，只能用微軟正黑體嗎？
   ☐ 是的　　　　　☐ 不是

4. 【開啟舊檔】的快速鍵是？
   ☐ Ctrl + C　　　　　☐ Ctrl + O

 練功囉

開啟【範例 / 練功囉-練習 / 第6課 / 06-小貓咪-線條稿.png】，使用噴槍著色後，再設計一張底圖，製作出如圖示般的卡片吧！

哇！
超級可愛！

7 創意影像與秘技

－ 相片、圖案組合與小畫家秘技

發揮創意，
我最行！

1 發揮想像、創意無限

2 相片與圖案

3 相片與塗鴉

4 相片與圖說

5 相片去背的運用

6 小畫家秘技大公開

7 上網學習小畫家

1 發揮想像、創意無限

日常生活中最常見到的影像，除了【圖畫】之外，還有隨手可得的【相片】。發揮想像力，將圖畫與相片做組合，就能創造非常多的創意影像喔！

老師說

看似功能簡單的小畫家，其實還有很多【秘技】喔！把這些秘技都學起來，再勤加練習，用小畫家畫圖，就能事半功倍！(等不及想知道有哪些【秘技】嗎？答案就在第6節！)

2 相片與圖案

針對相片的情境，加入適合的卡通圖案，可以讓原本可能平淡無奇的相片，頓時活潑生動起來喔！

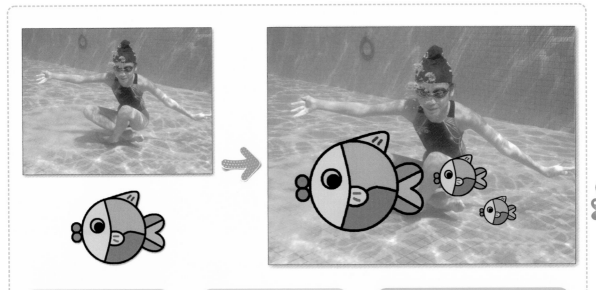

07-夏日回憶.png ✚ 07-熱帶魚.png ＝ 07-夏日回憶-成果.png

● 練習檔案放在【範例/課程-練習/第7課/創意影像練習】中

第 7 課

3 相片與塗鴉

讓我們自由地在相片上塗鴉吧！除了加油添醋畫出逗趣的裝扮外，還可以畫出表情、動作與添加任何圖案喔！

07-哥倆好.png ➕ 手繪塗鴉 ＝ 07-哥倆好-成果.png

● 練習檔案放在【範例/課程-練習/第7課/創意影像練習】中

4 相片與圖說

【圖說】，除了可以幫相片加上說明外，還可以創造好玩的對話情境。想像力有多大，就有多好玩！

第7課

07-我的麻吉.png ➕ 圖說圖案 ＝ 07-我的麻吉-成果.png

● 練習檔案放在【範例/課程-練習/第7課/創意影像練習】中

5 相片去背的運用

除了可以用去背的技巧製作公仔外，你也可以將相片去背，再貼到另一張相片上，做【移花接木】的合成喔！

07-三人組.png ✚ 07-個人照.png

🟰 07-雙人合成照-成果.png

● 練習檔案放在【範例/課程-練習/第7課/創意影像練習】中

這位同學，你有事嗎？

綜合去背、塗鴉與圖說，就能產生更多更多的創意影像！

6 小畫家秘技大公開

想不到小畫家還有秘技吧?!趕快學起來,繪圖高手就是你!

秘技 1 用左右鍵填色

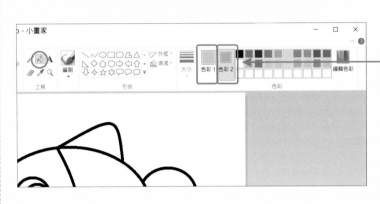

1 點選 【填入色彩】工具,接著設定【色彩1】與【色彩2】的顏色

小提示

開啟【範例/課程-練習/第7課/秘技練習/小魚兒.bmp】來練習!

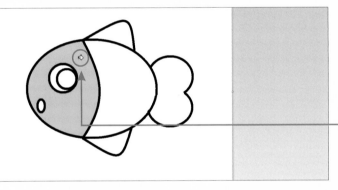

2 按左鍵,填入【色彩1】的顏色

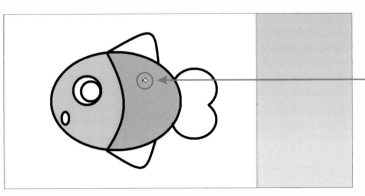

3 按右鍵,填入【色彩2】的顏色

第 7 課

秘技 ② 用左右鍵來畫圖

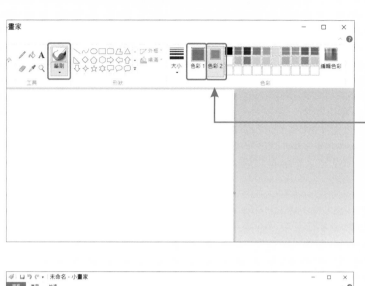

1 點選任何筆刷工具後，設定好【色彩1】與【色彩2】的顏色

小提示

這個秘技，也適用於 ✏ 【鉛筆】工具以及任何形狀工具。

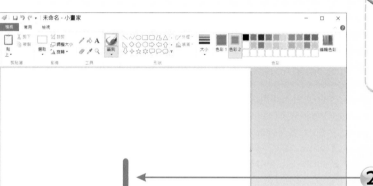

2 按住左鍵，以【色彩1】的顏色來畫圖

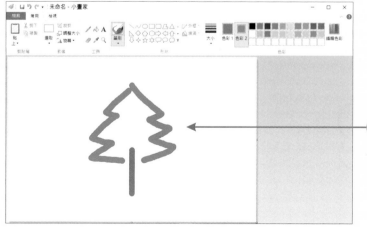

3 按住右鍵，以【色彩2】的顏色來畫圖

秘技 3 畫45度斜線

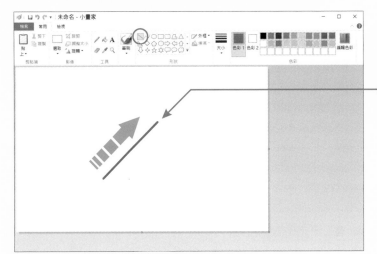

1 點選 ⬚【直線】工具，再按住 Shift ，可斜向畫出45度的斜線

秘技 4 畫絕對水平與垂直的直線

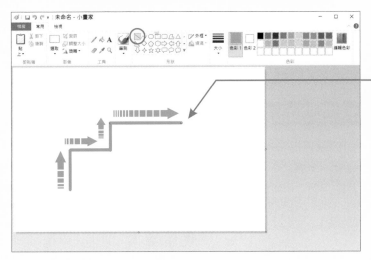

1 點選 ⬚【直線】工具，再按住 Shift ，可橫向與直向畫出絕對水平與絕對垂直的直線

想畫很工整的圖案時，這個秘技就派上用場啦！

第7課

 秘技 ⑤ 用 Ctrl 快速複製圖案

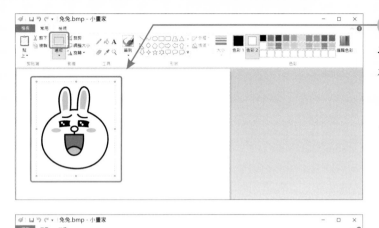

 ① 按 □【選取項目】後，框選圖案

小提示

開啓【範例/課程-練習/第7課/秘技練習/兔兔.bmp】來練習！

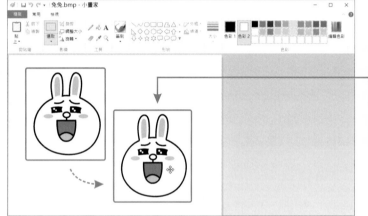

② 按住 Ctrl ，再拖曳圖案，可快速在同一張畫布上複製圖案

秘技 ⑥ 用 Shift 複製連續圖案

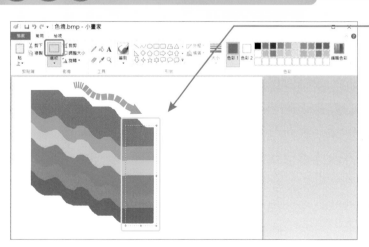

 ① 選取部分圖案(勿全選)，再按住 Shift ，上下拖曳圖案，可快速複製連續圖案

小提示

開啓【範例/課程-練習/第7課/秘技練習/色塊.bmp】來練習！

秘技 7 用 【橡皮擦】 來畫圖

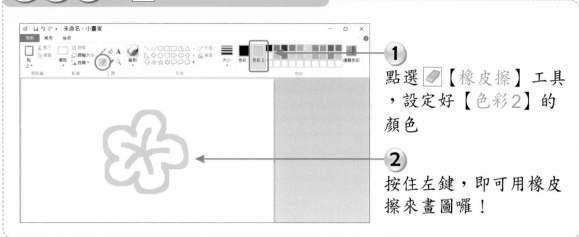

1 點選 【橡皮擦】工具，設定好【色彩2】的顏色

2 按住左鍵，即可用橡皮擦來畫圖囉！

秘技 8 快速刪除所有圖案

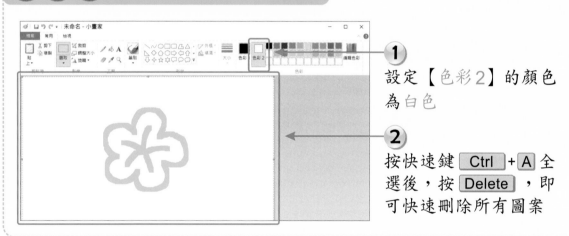

1 設定【色彩2】的顏色為白色

2 按快速鍵 Ctrl + A 全選後，按 Delete ，即可快速刪除所有圖案

第7課

秘技 9 快速加粗或縮小線條寬度

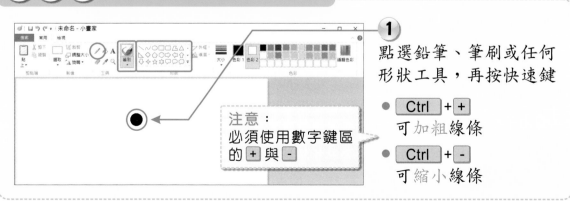

1 點選鉛筆、筆刷或任何形狀工具，再按快速鍵

注意：必須使用數字鍵區的 + 與 -

● Ctrl + + 可加粗線條

● Ctrl + - 可縮小線條

7 上網學習小畫家

網路上還有很多網友分享的小畫家教學影片，可以參考學習喔！
讓我們以【YouTube】為例，看看如何搜尋與觀賞吧！

1

啟動瀏覽器，網址列輸入
【www.youtube.com】，
然後按 Enter ，開啟
【YouTube】網站

2

關鍵字欄裡輸入關鍵字，
例如【小畫家(空一格)教
學】，然後按 🔍 開始
搜尋

3

列出搜尋結果

小提示

你也可以開啟Google
搜尋教學網頁喔！
(www.google.com.tw)

網頁內容會時常更新，在不同時間所搜尋到的結果，可能會不相同；
只要學會本節技巧，就能搜尋網路上相關的教學影片來做觀摩。

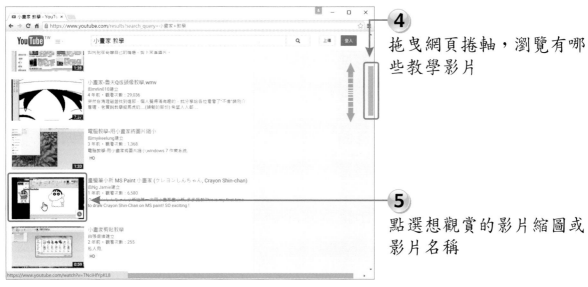

④ 拖曳網頁捲軸，瀏覽有哪些教學影片

⑤ 點選想觀賞的影片縮圖或影片名稱

第 7 課

⑥ 開始播放影片

影片上的小畫家操作介面，只要是Windows 7以上的版本，都可以參考學習喔！

⑦ 在右方還有相關影片，可以點選觀賞 (拖曳網頁捲軸瀏覽有哪些影片)

 練功囉

1. 用【小畫家】可以做影像合成嗎？
   ☐ 可以　　　　☐ 不可以

2. 使用【填入色彩】工具時，按哪個鍵，可直接填入【色彩2】？
   ☐ 左鍵　　　☐ 右鍵　　　☐ 左右鍵一起按

3. 按住哪個鍵，可以畫出絕對水平與垂直的直線？
   ☐ Ctrl　　　☐ Shift

4. 按住哪個鍵，可以直接複製圖案？
   ☐ Ctrl　　　☐ Shift

5. 按哪個快速鍵，可以快速加粗線條寬度？
   ☐ Ctrl + -　　　☐ Ctrl + +

 練功囉

使用【範例 / 練功囉-練習 / 第7課】裡面的圖片與相片，試著做出如圖示的創意影像吧！

這位同學，你有事嗎？

用自己的相片來做，會更有趣喔！

8 百變作品輕鬆玩

－ 動畫、縮圖與趣味加工

我的作品
變！變！變！

作品進階創意表現

練習到這裡，相信你已經有很多畫作了吧?! 如果可以將這些作品，進一步做成動畫、縮圖、趣味加工...等等，就會更有趣、更多元、更精彩喔！

使用操作簡單、內建超多現成素材，還能製作 GIF 動畫的 **PhotoScape** 就對啦！

更棒的是：**免費** 的喔！

要用哪個軟體呢？
會不會很難啊？

可以到下列網址下載：

 老師說

關於下載與安裝 PhotoScape 的方法，可參考本書光碟【範例 / PhotoScape / PhotoScape 下載與安裝.pdf】。

2 PhotoScape 功能簡介

接著讓我們認識一下【PhotoScape】有哪些常用的功能吧！

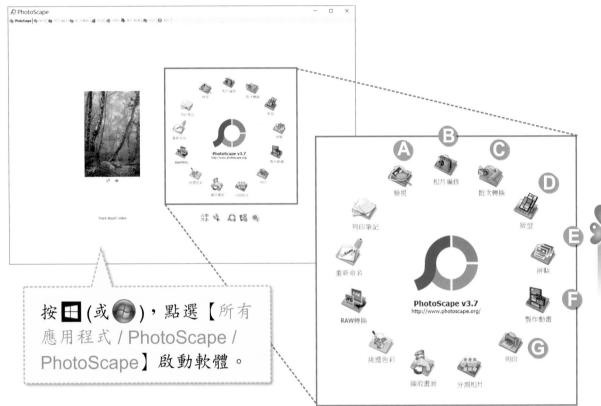

按 ⊞ (或 ⊕)，點選【所有應用程式 / PhotoScape / PhotoScape】啟動軟體。

第8課

Ⓐ 檢視	點選左方窗格中的資料夾，就會在右方窗格顯示該資料夾中圖片的縮圖	
Ⓑ 相片編修	點選圖片(相片)做編修，例如修片、濾鏡特效、相框...	
Ⓒ 批次轉換	一次對多張圖片做相同的設定與儲存	
Ⓓ 版型	在一個版面上，做多圖展示	
Ⓔ 拼貼	將圖片做橫向、直向或棋盤式拼貼	
Ⓕ 製作動畫	結合多張圖片，製作GIF動畫	
Ⓖ 列印	編排圖片列印尺寸與方式	

3 動畫的原理

動畫的製作原理，就是利用【視覺暫留】現象，也就是在看到下一張影像前，現在的影像會暫時停留在視網膜上的現象。再藉由【快速播放】的方式，播放一張張圖片(影像)，就會產生動畫效果。例如：

站立　　　　　　跳起　　　　　　蹲下

使用的圖片越多，動作就越細膩，但檔案也會越大喔！

要快速播放多張圖片，才能形成動畫，那麼事先就必須準備一些圖片才行囉！它們可以是卡通圖案、圖片或是相片喔！

 老師說

提到【動畫】，一般會直接聯想到【卡通動畫】。其實廣義上來說，只要是利用【動畫原理】做出來的動態影像，不管是【卡通動畫】、【GIF 動畫圖片】或【影片(視訊)】，都算是【動畫】喔！

4 載歌載舞動起來 - GIF 動畫製作

讓我們用第5課練習成果(公仔)，製作載歌載舞的GIF動畫吧！

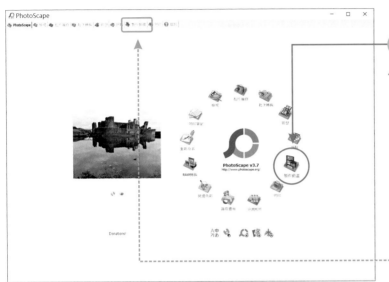

1
啟動 PhotoScape 後，按
【製作動畫】

小提示

你也可以按上方常用
功能列上的【製作動
畫】。

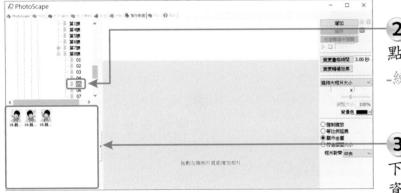

2
點開本書光碟【範例/課程
-練習/第8課/05】資料夾

3
下方的窗格中，會顯示該
資料夾內的所有圖片檔案

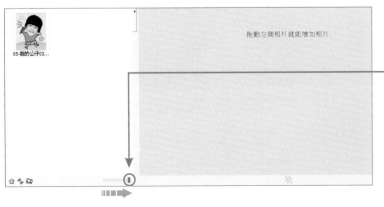

4
拖曳下方的顯示大小鈕
到最右方，放大顯示圖片

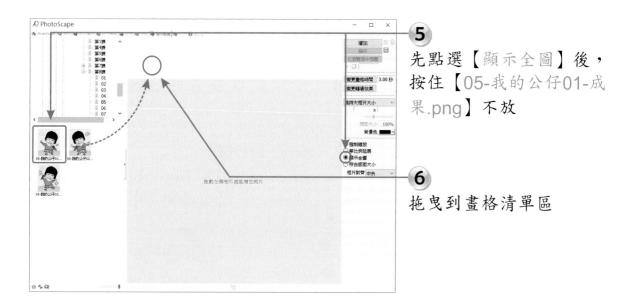

5 先點選【顯示全圖】後，按住【05-我的公仔01-成果.png】不放

6 拖曳到畫格清單區

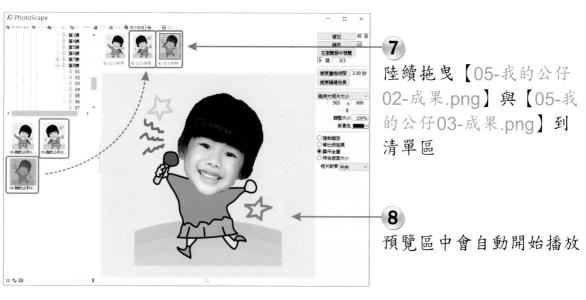

7 陸續拖曳【05-我的公仔02-成果.png】與【05-我的公仔03-成果.png】到清單區

8 預覽區中會自動開始播放

9 按■(停止動畫)停止播放

10

按【變更畫格時間】

小提示

【畫格時間】就是每張圖片顯示的時間。

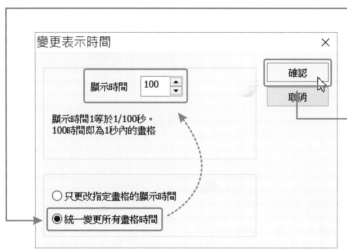

11

點選【統一變更所有畫格時間】後,【顯示時間】更改為【100】(=1秒)

12

按【確認】

第8課

小提示

你也可以視需要,單獨設定某張圖片的畫格時間!

❶ 先點選(指定)清單區的圖片
❷ 變更畫格時間
❸ 點選【只更改指定畫格的顯示時間】

13

按 ▶ (開始動畫)預覽變更畫格時間後的結果

14
按【儲存】

15
開啟儲存目標資料夾，例
如【本機 / 圖片】

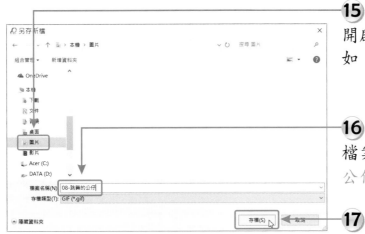

16
檔案名稱輸入【08-跳舞的
公仔】

17
按【存檔】後，按【確定】

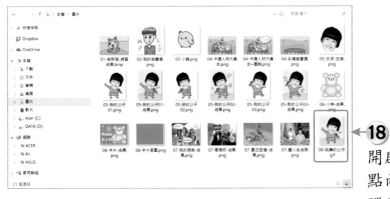

18
開啟儲存檔案的資料夾，
點兩下gif檔案，就會以電
腦預設程式播放動畫囉！

懂更多 **作品幻燈片秀**

使用【製作動畫】功能，也能製作作品的幻燈片秀喔！

❶ 按【製作動畫】功能後，拖曳想做成幻燈片的作品到清單區。

❷ 點選【維持大相片大小】以及【顯示全圖】

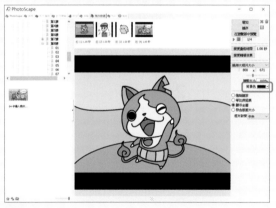

❸ 設定背景色，例如黑色(Black)。

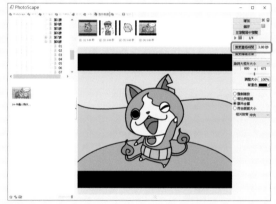

❹ 按【變更畫格時間】，設定圖片的顯示時間，例如【300】(=3秒)。
(記得點選【統一變更所有畫格時間】)

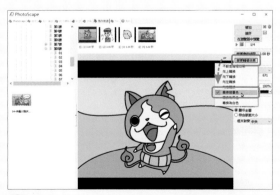

❺ 按【變更轉場效果】，點選想要的效果，例如【轉換背景色】。

❻ 最後按【儲存】，將成果儲存起來，就完成作品幻燈片秀囉！

5 我的作品縮圖 - 拼貼

使用PhotoScape的【拼貼】功能，可以一次呈現很多張圖片，非常適合製作作品的縮圖喔！快來試試看！

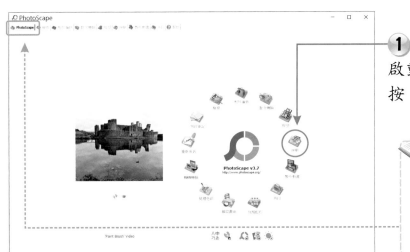

1 啟動 PhotoScape 後，按【拼貼】功能

小提示

使用 PhotoScape 時，隨時都可以按左上方的【PhotoScape】回到這個功能選擇頁面。

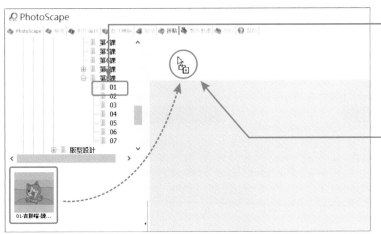

2 點開【範例/課程-練習/第8課/01】

3 拖曳圖片到清單區 (01-吉胖喵-練習成果.bmp)

老師說

【拼貼】的樣式：

▶ 【往下】- 直向排列

▶ 【往左(往右)】- 橫向排列

▶ 【棋盤式】- 像棋盤式排列

往左(往右)

棋盤式

往下

4 接著，再陸續拖曳【02】~【07】裡的圖片到清單區中：

02-我的自畫像.png 　03-小雞.png 　04-卡通人物大集合+圖說.png

05-我的公仔01-成果.png 　06-卡片-成果.png 　07-夏日回憶-成果.png

07-哥倆好-成果.png 　07-我的麻吉-成果.png

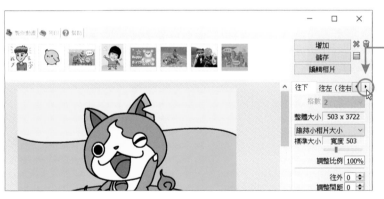

5 按樣式標籤右方的 ▶，直到顯示【棋盤式】標籤

小提示

拖曳移動清單區中的圖片縮圖，拼貼的圖片順序，也會跟著更動喔！

6 點選【棋盤式】標籤

第8課

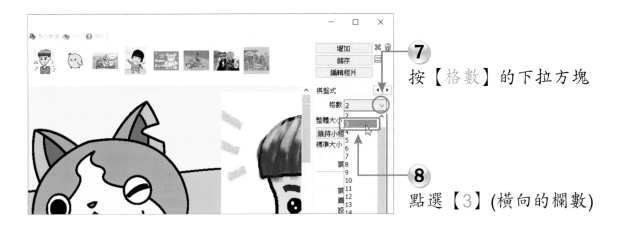

7 按【格數】的下拉方塊

8 點選【3】(橫向的欄數)

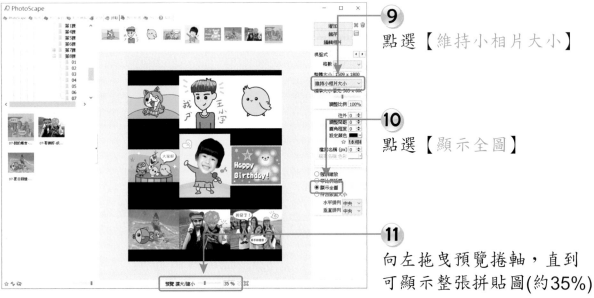

9 點選【維持小相片大小】

10 點選【顯示全圖】

11 向左拖曳預覽捲軸，直到可顯示整張拼貼圖(約35%)

小提示

更改【調整比例】的數值，可實際變更拼貼圖的尺寸大小。

12 接著設定：

往外 - 20
調整間距 - 20
圓角程度 - 36

13 按【設定顏色】的下拉方塊

14 點選白色 (White)

15 按【範本相框】

內建超多相框
可以使用！
真是太棒了！

16 拖曳捲軸，點選【Curl Border】(邊緣捲曲) 後，按【確認】

curlborder.psi

17 按【儲存】

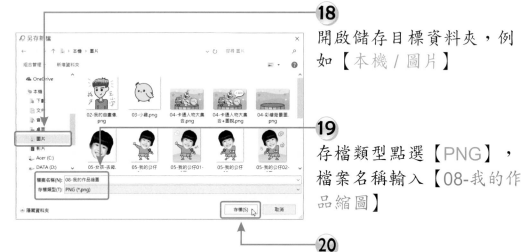

18 開啟儲存目標資料夾，例如【本機 / 圖片】

19 存檔類型點選【PNG】，檔案名稱輸入【08-我的作品縮圖】

20 按【存檔】

21 這張作品拼貼縮圖就完成囉！

哇！感覺好豐富喔！

懂更多 **用【版型】彙整作品**

除了用【拼貼】做作品縮圖，也可以用【版型】來彙整喔！

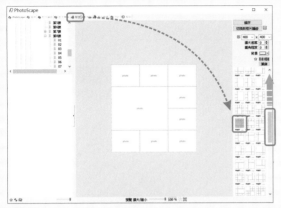

❶ 按【版型】功能後，點選想要的樣式。

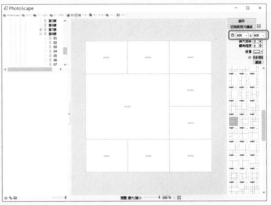

❷ 設定想要的長寬尺寸(整張版型)。

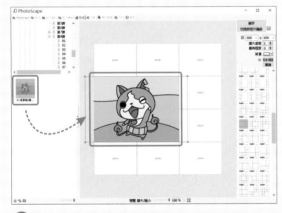

❸ 拖曳畫作到想放的區塊中 (按住區塊中的圖片，可移動調整位置；拖曳圖片框控點，可放大或縮回圖片)。

❹ 圖片填滿所有區塊後，設定擴大底框 (=圖片大小)、圓角程度與背景色。

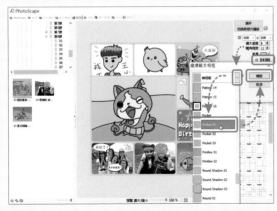

❺ 按【範本相框】，點選想要的相框。

❻ 最後按【儲存】，將成果儲存起來。

第8課

6 有趣的裝飾圖案 - 相片編修

PhotoScape也有很多裝飾圖案，可以添加到圖片上，創造意想不到的有趣組合喔！趕快來玩！

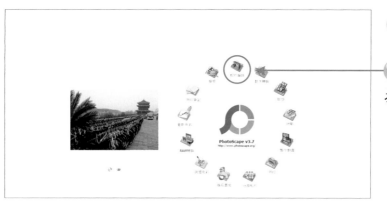

加入眼鏡

1

按【相片編修】功能

小提示

【相片編修】功能中，不僅有裝飾圖案，還可以用來修片。

2

點選【範例/課程-練習/第8課/02】裡的圖片
(02-我的自畫像.png)

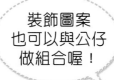

裝飾圖案
也可以與公仔
做組合喔！

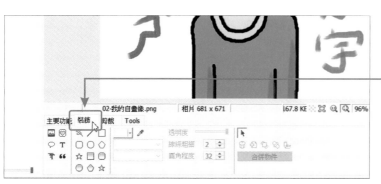

3

到左下方，點選【裝飾】標籤

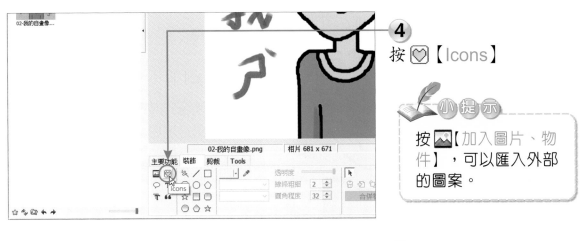

4 按 ♡【Icons】

小提示

按 🖼【加入圖片、物件】，可以匯入外部的圖案。

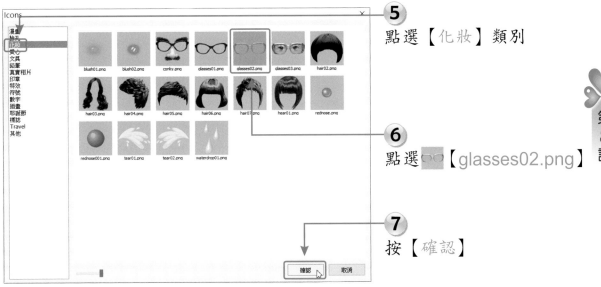

5 點選【化妝】類別

6 點選 👓【glasses02.png】

7 按【確認】

8 拖曳圖案框的控點，放大圖案，並拖曳到圖示位置

然後在空白處點一下，取消選取

小提示

取消選取後，再點選一下圖案，可以繼續編修喔！

第 8 課

加入腮紅

1 按 ♡，加入【化妝 / blush02.png】

放大圖案，並拖曳到圖示位置

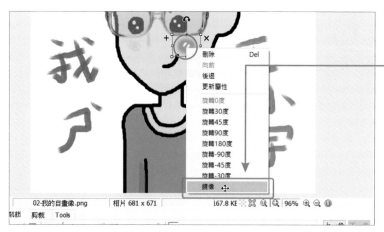

2 在腮紅圖案上按右鍵，點選【鏡像】(左右翻轉)，讓圖案在臉上的角度，顯得較自然些

3 繼續在圖示位置加入另一個腮紅

加入蝴蝶結與逗趣圖案

1 按♡，加入【鉛筆 /  pencil003.png】

放大圖案，並拖曳到圖示位置

2 按♡，加入【臉孔 / y39.png】

縮小圖案，並拖曳到圖示位置

第8課

3 按住圖片框上方的↺，向左下方拖曳，旋轉角度約如圖示

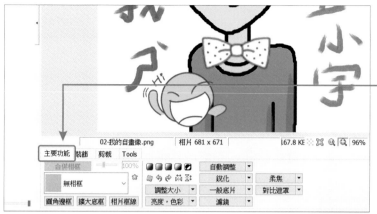

加入相框與儲存

1 按【主要功能】標籤

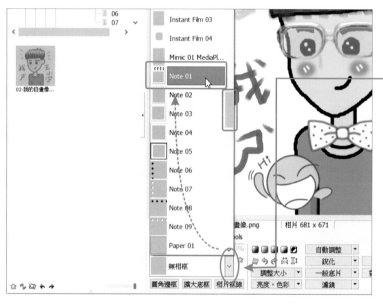

2 按【無相框】右方的下拉方塊，拖曳捲軸，點選【Note 01】

3 向右拖曳縮放相框的 ▌捲軸鈕，直到放大至200%，放大相框

4 按【儲存】

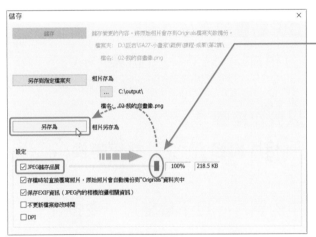

5

拖曳【JPEG 儲存品質】
捲軸鈕到最右方(100%)

然後按【另存為】，命名
為【08-我的趣味自畫像】
儲存起來吧！

第 8 課

發揮想像力，
看看還能變出什麼
有趣的影像吧！

1. 用下面哪個軟體可以製作GIF動畫？

   ☐ Word ☐ 小畫家 ☐ PhotoScape

2. 下面哪個是動畫的原理？

   ☐ 眨眼 ☐ 視覺暫留 ☐ 頭暈

3. 下面哪個不是製作GIF動畫的素材？

   ☐ 圖片 ☐ 相片 ☐ 音樂

4. 用下面哪個功能可以製作縮圖？

   ☐ 拼貼 ☐ 相片編修 ☐ 批次轉換

5. 要整體顯示縮圖框中的圖片，且不會變形，要按？

   ☐ 等比例延展 ☐ 強制縮放 ☐ 顯示全圖

6. 用下面哪個功能可以加入裝飾圖案？

   ☐ 拼貼 ☐ 相片編修 ☐ 批次轉換

恭喜你完成本書所有的練習課程！只要能融會貫通、舉一反三，你我都可以是天才小畫家喔！加油！